Tassilo Horn

Ein Optimierer für GReQL2

Tassilo Horn

Ein Optimierer für GReQL2

GRIN Verlag

Bibliografische Information der Deutschen Nationalbibliothek: Die Deutsche Bibliothek
verzeichnet diese Publikation in der Deutschen Nationalbibliografie; detaillierte bibliografische Daten sind im Internet über http://dnb.d-nb.de/ abrufbar.

1. Auflage 2008
Copyright © 2008 GRIN Verlag
http://www.grin.com/
Druck und Bindung: Books on Demand GmbH, Norderstedt Germany
ISBN 978-3-640-25056-1

Institut für Softwaretechnik
Fachbereich 4

Ein Optimierer für GREQL2

Diplomarbeit

zur Erlangung des akademischen Grades eines Diplom-Informatikers
im Studiengang Informatik

vorgelegt von:

Tassilo Horn

27. Oktober 2008

Zusammenfassung

Im Rahmen dieser Diplomarbeit wird ein **Optimierer** für die Graphanfragesprache GRE-QL2 entworfen und implementiert.

GREQL2 besteht im wesentlichen aus drei Komponenten: **Parser**, **Auswerter** und **Optimierer**. Der Parser wurde bereits in [Mar06] von Katrin Marchewka implementiert, und der Auswerter ist Resultat von Daniel Bildhauers Diplomarbeit ([Bil06]).

Der in dieser Arbeit entwickelte Optimierer besitzt eine Komponente zum Loggen von Auswertungsgrößen, ein Kostenmodell, welches auf Basis der geloggten Erfahrungswerte die Auswertungskosten einer Anfrage abschätzen kann, einen Mechanismus zur Wiederverwendung bereits optimierter Syntaxgraphen und eine Reihe von Transformationen, die einen gegebenen GREQL2-Syntaxgraphen derart umformen, dass er schneller ausgewertet werden kann.

Abstract

Within this diploma thesis an optimizer for the graph query language GREQL2 is designed and implemented.

GREQL2 has three major components: a **parser**, an **evaluator** and an **optimizer**. The parser was implemented by Katrin Marchewka in [Mar06] and the evaluator is the result of Daniel Bildhauer's diploma thesis ([Bil06]).

The optimizer consists of a component for logging evaluation variables, a cost model which allows estimating evaluation costs on the basis of those logged values, a mechanism for reusing optimized syntaxgraphs and a set of transformations that modify a given GREQL2-syntaxgraph so that it can be evaluated more efficient.

Erklärung

Hiermit erkläre ich, wie in § 10 Abschnitt 6.2 der Diplomprüfungsordnung für Studierende der Informatik an der Universität Koblenz-Landau gefordert, dass ich die vorliegende Arbeit selbstständig verfasst und keine anderen als die angegebenen Quellen und Hilfsmittel verwendet habe.

Mit der Einstellung dieser Arbeit in die Bibliothek bin ich einverstanden. Der Veröffentlichung dieser Arbeit im Internet stimme ich zu.

_____   _____
Ort, Datum   Unterschrift

Danksagung

Ich möchte mich herzlichst bei allen bedanken, die mich in irgendeiner Form bei der Erstellung dieser Arbeit unterstützt haben.

An erster Stelle danke ich meinen Betreuern Jürgen Ebert, Volker Riediger und Daniel Bildhauer für ihre guten Ratschläge, ihre konstruktive Kritik und einfach nur dafür, nette Menschen zu sein. Ganz besonderer Dank gebührt Daniel für seinen 24-Stunden-Live-Support über ICQ.

Ein großes Dankeschön auch an meine Freundin Nicole Reinbach, die das besondere Vergnügen hatte, diese Arbeit Korrektur lesen zu dürfen und mich auch dann noch ertragen hat, wenn ich nach stundenlanger, vergeblicher Fehlersuche eine ordentliche Grummelstimmung hatte.

Außerdem danke ich Isabel Endres, welche die Arbeit ebenfalls Korrektur las.

Weiterhin geht noch ein großes Dankeschön in Form eines großen Knochens an unseren Hund Leines. Den hat er sich redlich durch stundenlanges unterm Schreibtisch Füße wärmen und geduldig auf Herrchen warten verdient.

Und zuletzt noch an alle, die ich vergessen habe: DANKE! Dass Eure Unterstützung so diskret und unaufdringlich war, dass ich mich jetzt schon nicht mehr daran erinnern kann, zeichnet Euch besonders aus.

Inhaltsverzeichnis

1. Einleitung

*Dieses Kapitel soll kurz in die Begriffswelt rund um GUPRO und TGra-
phen einführen, um die Einordnung des zu entwerfenden* GREQL2-
*Optimierers zu erleichtern. Dazu wird das Themengebiet rund um GU-
PRO beschrieben und eine kurze historische Einführung gegeben.*

1.1. Programmverstehen mit GUPRO

GUPRO[1] ist eine vom Institut für Softwaretechnik der Universität Koblenz-Landau entwickelte integrierte Umgebung, die der Unterstützung des Verstehens von Programmen
dient. Gerade im Reengineering ist es eine Hauptaufgabe die Struktur und etwaige Be-
ziehungen zwischen Teilen von Altsystemen aufzudecken. Solche Altsysteme sind in der
Regel über Jahre gewachsen und wurden ständig mit zumeist undokumentierten Bugfixes,
Anpassungen an neue Gegebenheiten und Erweiterungen versorgt, so dass die ursprüngliche Architektur stark verwässert ist.

Um im Zuge von Reengineeringmaßnahmen Refactorings durchführen zu können, muss
zuerst anhand der vorliegenden Artefakte (in der Regel dem Quellcode) das Programm
verstanden werden. Dazu werden Parser benutzt, die aus den Artefakten Informationen
extrahieren und in einem Repository speichern.

Zur Speicherung der extrahierten Daten benutzt GUPRO *TGraphen*, d.h. gerichtete, an-
geordnete Graphen, deren Kanten und Knoten typisiert und attributiert sind. Ein solcher
Datengraph ist eine Instanz eines T-Graphen-Schemas.

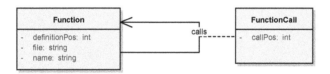

Abbildung 1.1.: Ein einfaches Beispielschema

Das grobgranulare Schema aus Abbildung 1.1 definiert beispielsweise den Knotentyp
`Function` und den Kantentyp `FunctionCall`. Eine Funktion ist attributiert mit ihrem
Namen und der Position ihrer Definition (Dateiname und Zeile), ein Funktionsaufruf ist
attributiert mit seiner Position.

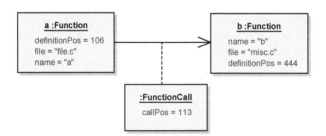

Abbildung 1.2.: Eine Instanz des Schemas aus Abb. 1.1

---

[1] Generic Understanding of PROgrams,
http://www.gupro.de

Der in Abbildung 1.2 angegebene Datengraph genügt diesem Schema. Er beschreibt, dass eine Funktion a(), die in der Datei file.c ab Zeile 106 definiert wird, in der Zeile 113 eine andere Funktion b() aufruft, welche in der Datei misc.c ab Zeile 444 definiert wird.

Um Anfragen an solche Datengraphen stellen zu können, wurde die Sprache GReQL entwickelt. In ihr formulierte Anfragen werden von einem **Parser** in einen Syntaxgraphen transformiert, welcher dann von einem **Optimierer** optimiert werden kann, um letztlich durch den **Auswerter** ausgewertet zu werden. Das Anfrageergebnis kann dann dem Benutzer präsentiert werden. Abbildung 1.3 verdeutlicht diesen Datenfluss.

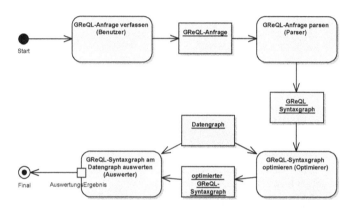

Abbildung 1.3.: Der Datenfluss bei GUPRO

Bei der Anfrageoptimierung unterscheidet man zwischen einer *online*- und einer *offline*-Verwendung. Bei der *online*-Verwendung hat der Optimierer neben dem Syntaxgraphen der Anfrage auch den Datengraphen und Schemainformationen zur Verfügung. Mit diesen zusätzlichen Informationen kann eine gezieltere Optimierung vorgenommen werden. Jedoch darf die Optimierung nicht beliebig lange dauern, da in der Regel ein Benutzer die Anfrage über eine graphische Oberfläche gestellt hat und auf das Ergebnis wartet.

Bei der *offline*-Verwendung werden Anfragen ohne Kenntnis des Datengraphen mit dem Ziel optimiert, die optimierten Anfragen zu speichern und erst später an einem Datengraphen auszuwerten. Hier darf die Optimierung länger dauern, allerdings sind die Möglichkeiten aufgrund der fehlenden Informationen aus dem Datengraphen beschränkt.

1.2. Die nächste Generation von GUPRO

Da die alte in C++ geschriebene GREQL-Implementation samt der meisten zugehörigen Tools und Komponenten im GUPRO-Umfeld nicht mehr heutigen softwaretechni-
schen Ansprüchen genügen und nur schwer wartbar und erweiterbar sind, wurden in den
letzten anderthalb Jahren umfangreiche Redesigns und Reimplementationen bestehender
Altkomponenten in Java gestartet.

So entwickelte Steffen Kahle im Rahmen seiner Diplomarbeit eine moderne Version
der Klassenbibliothek für TGraphen namens JGRALAB. Diese erlaubt es dem Benutzer
TGraphen zu erzeugen, zu manipulieren und zu traversieren. Zudem stellt sie eine objekt-
orientierte Zugriffsschicht zur Verfügung, die automatisch aus einem gegebenen Schema
generiert wird. Sie ermöglicht es direkt mit Instanzen der im Schema spezifizierten Knoten und Kanten anstatt der "Rohklassen" Vertex und Edge zu arbeiten.

Katrin Marchewka ([Mar06]) entwarf eine neue GREQL-Sprachversion (GREQL2) und
implementierte einen Parser für diese. GREQL2 unterstützt alle Features der Vorgän-
gerversion und bringt noch einige Neuerungen mit sich. So unterstützt der Parser beispielsweise jetzt zusätzlich zu regulären Pfadausdrücken die von Tim Steffens in [Ste05]
beschriebenen kontextfreien Pfadausdrücke.

Zuletzt entwickelte Daniel Bildhauer in seiner Diplomarbeit ([Bil06]) einen GREQL2-
Auswerter, welcher eine Anfrage, gegeben als GREQL2-Syntaxgraph, an einem gegebenen Datengraph auswertet und das Ergebnis als Objekt des ebenfalls in dieser Arbeit
entwickelten, generischen Containerformats JValue liefert.

Die einzige noch fehlende Kernkomponente ist der Optimierer, der in der vorliegenden
Diplomarbeit entwickelt werden soll.

2. Grundlagen

Dieses Kapitel führt in alle Grundlagen ein, die zum Verständnis der späteren Kapitel notwendig sind.

Dazu wird zuerst die Sprache GREQL2 *anhand eines Beispiels eingeführt, worauf sich weitere Abschnitte zum Sprachschema und der Auswertung von* GREQL2-Anfragen anschließen.

Zuletzt wird noch ein Blick über den Tellerrand geworfen und die Anfrageoptimierung in relationalen Datenbanksystemen erläutert.

2.1. Die Anfragesprache GREQL2

In diesem Abschnitt soll die Anfragesprache GREQL2 anhand eines einfachen Beispiels vorgestellt werden. Damit es auch ohne GRALAB-Vorkenntnisse nachvollziehbar ist, wird zunächst ein anschauliches Schema in Form einer vereinfachten Straßenkarte eingeführt.

2.1.1. Das Beispielschema RoadMap

Als Beispiel soll eine einfache Straßenkarte dienen. Das Schema ist in Abbildung 2.1 visualisiert.

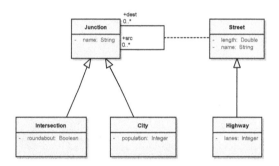

Abbildung 2.1.: Das RoadMap-Schema

Die Definition mittels des JGRALAB-Formates TG ist in Listing 2.1 zu finden.

In einer Straßenkarte (RoadMap) existieren zwei verschiedene Arten von Knoten (Junction): Zum einen gibt es Kreuzungen (Intersection) und zum anderen gibt es Städte (City). Das Attribut roundabout gibt an, ob eine Kreuzung ein Kreisverkehr ist. Das Attribut population gibt die Einwohnerzahl einer Stadt an.

Das Schlüsselwort abstract vor Junction bestimmt, dass es keine direkten Junction-Instanzen geben darf, sondern nur Instanzen von nichtabstrakten Subklassen. Sowohl Kreuzungen als auch Städte haben ein Namensattribut name, welches direkt in der Vaterklasse Junction deklariert wird. Der Einfachheit halber wird angenommen, dass alle Knoten einen eindeutigen Namen haben.

Knoten, also Kreuzungen und Städte, werden durch Kanten verbunden. In einer Straßenkarte sind das Straßen (Street). Jede Straße hat einen Namen (name) und eine Länge (length). Im Schema verbindet eine Straße immer genau zwei Knoten. So wird eine reale Straße wie die B42 durch mehrere Abschnitte vom Typ Street modelliert. Ein Spezialfall einer Straße ist eine Autobahn (Highway), welche als zusätzliche Information die Anzahl der Spuren (lanes) trägt.

```
1  Schema intro.roadmap.schema.RoadMapSchema;
2
3  GraphClass RoadMap;
4
5  abstract VertexClass Junction
6  {
7    name: String
8  };
9
10 VertexClass Intersection: Junction
11 {
12   roundabout: Boolean
13 };
14
15 VertexClass City: Junction
16 {
17   population: Integer
18 };
19
20 EdgeClass Street
21   from Junction (0,*) role src
22   to Junction (0,*) role dest
23 {
24   name: String,
25   length: Double
26 };
27
28 EdgeClass Highway: Street
29   from Junction (0,*) role src
30   to Junction (0,*) role dest
31 {
32   lanes: Integer
33 };
```

Listing 2.1: Das RoadMap-Schema

2.1.2. Die Beispielinstanz des RoadMap-Schemas

Die konkrete Instanz dieses Schemas, anhand derer die Beispielanfragen ausgewertet werden, ist eine einfache Straßenkarte des Gebietes von Koblenz bis in den hohen Westerwald (Abb. 2.2, Seite 22).

Die Repräsentation als TGraph ist in Abbildung 2.3 auf Seite 23 zu sehen.

Im Kontext von JGRALAB unterscheidet man zwischen *Klasse* und *Typ*. Der Knoten v7 gehört zur Klasse Intersection, aber ebenso zu deren Superklasse Junction. Ebenso gehört die Kante e6 zur Klasse Highway als auch zu deren Vaterklasse Street. Der JGRALAB-Klassenbegriff gleicht also jenem der objektorientierten Programmierung. Im Gegensatz dazu hat jeder Knoten oder jede Kante genau einen Typ, welcher gleich seiner speziellsten Klassenzugehörigkeit ist. Der Typ von v7 ist also Intersection, der Typ von e6 ist Highway.

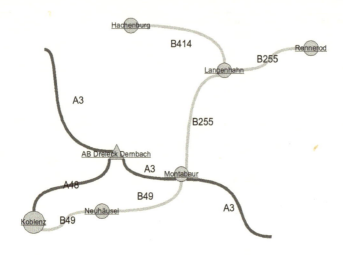

Abbildung 2.2.: Die Straßenkarte von Koblenz bis in den hohen Westerwald

2.1.3. Zwei exemplarische GREQL2-Anfragen

Die Anfrage aus Listing 2.2 gibt alle Knoten (Junction) des Graphen zusammen mit dem jeweiligen Typ des Knotens aus, für die gilt, dass sie mit dem Stadtknoten mit Namen Montabaur direkt verbunden sind.

```
1  from junction   : V{Junction},
2       montabaur  : V{City}
3  with montabaur.name = "Montabaur"
4       and montabaur <-> junction
5  report junction,
6         junction.name
7  end
```

Listing 2.2: An Montabaur angrenzende Knoten

Eine einfache GREQL-Query besteht aus einem sogenannten *FWR*-Ausdruck, wobei FWR für *From-With-Report* steht.

Im from-Teil werden lokale Variablen deklariert. Im Beispiel wird also eine Variable junction der Knotenklasse (man beachte das V für Vertex) Junction deklariert und eine Variable montabaur der Knotenklasse City.

Bei der Auswertung wird die Variable junction nacheinander an alle Knoten gebunden, welche einer der Subklassen Intersection oder City angehören. Die Variable montabaur wird für jede Belegung von junction nacheinander an alle City-Knoten gebunden. Das liegt daran, dass junction *außen* und montabaur *innen* deklariert ist, was semantisch zwei geschachtelten Schleifen entspricht.

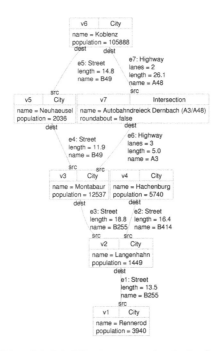

Abbildung 2.3.: Die TGraphrepräsentation der Straßenkarte

Es folgt ein optionaler with-Teil, der ein Prädikat enthält, welches die Werte der deklarierten Variablen erfüllen müssen. In oben genanntem Beispiel muss das Namensattribut
der Variable montabaur den Wert "Montabaur" haben, und die Knoten montabaur und
junction müssen über eine beliebige Kante verbunden sein. Dies wird durch den regulären Pfadausdruck in Zeile 4 von Listing 2.2 erreicht.

Ein *regulärer Pfadausdruck* lässt sich nach Behling [Beh97] und Marchewka [Mar06]
induktiv wie folgt definieren:

Definition 1. Eine einfache Pfadbeschreibung besteht aus einem Kantensymbol ($-->$,
$< --$ oder $< ->$), welchem optional ein in geschweifte Klammern eingeschlossener
Kantentypbezeichner folgt.

Sind p_1 und p_2 Pfadbeschreibungen, so auch

- die Sequenz $p_1 p_2$

- die Iterationen p_1^* (beliebig oft) und p_1^+ (einmal oder öfter)

- die Alternative $p_1 \mid p_2$

- die Option $[p_1]$

- die Zielknotenrestriktion p_1 & `VertexType`

- die Klammerung (p_1)

- die Potenz p_1^n

- die transponierte Pfadbeschreibung p_1^T

- die Startknotenrestriktion `VertexType` & p_1

- die Kantenpfadbeschreibung $p_1 - -anEdge- > p_2$

- die Zwischenknotenrestriktion p_1 $aNode$&{`Expression`} p_2

Ein Pfad ist eine alternierende Folge von Kanten und Knoten.

Die `report`-Klausel bestimmt, welche Ausdrücke in die Ergebnismultimenge aufgenommen werden. Im Beispiel aus Listing 2.2 besteht diese aus dem Knoten, welcher in der Form `id: Typ` ausgegeben wird, und seinem Namen.

Ein FWR-Ausdruck wird durch das Schlüsselwort `end` abgeschlossen.

Das Ergebnis der Auswertung der Query ist:

```
{v7: Intersection, Autobahndreieck Dernbach (A3/A48)}
{v2: City, Langenhahn}
{v5: City, Neuhaeusel}
```

Ein Vergleich mit Abbildung 2.3 auf Seite 23 zeigt, dass die gefundenen drei Knoten tatsächlich die einzigen direkt mit Montabaur verbundenen Knoten sind.

Zuletzt soll noch eine etwas komplexere Anfrage betrachtet werden. Um diese zu verstehen, müssen zusätzlich zu den regulären Pfadausdrücken noch *Pfadsysteme* eingeführt werden.

Ein *Pfadsystem* wird nach Berg [Ber03] durch einen Anfangsknoten v und einen regulären Pfadausdruck α bestimmt. In ihm ist zu jedem von v über einen α-förmigen Pfad erreichbaren Knoten genau ein Pfad enthalten. Im allgemeinen kann es mehrere solche Pfade geben.

Die GREQL2-Anfrage aus Listing 2.3 berechnet einen Weg von Rennerod nach Koblenz mit Zwischenstation Hachenburg.

In den Zeilen eins bis drei werden dazu Variablen der Klasse `City` deklariert. Sie werden ohne Optimierung nacheinander an alle möglichen Städtekombinationen gebunden, aber nur wenn der Ausdruck in den Zeilen vier bis sechs zu `true` evaluiert wird, wird der `report`-Teil ausgewertet. In diesem wird der gefundene Pfad ausgegeben.

In Zeile 7 wird der Pfad von Rennerod über Hachenburg nach Koblenz berechnet. Dazu wird zuerst ein Pfadsystem mit Anfangsknoten `ren` erzeugt, welches zu jedem von `ren` über `hab` erreichbaren Knoten genau einen Pfad enthält. Da die Variablen `ren`, `hab` und `kob` bereits im `with`-Teil geeignet eingeschränkt wurden, extrahiert die Funktion

```
1  from ren : V{City},
2       hab : V{City},
3       kob : V{City}
4  with ren.name = "Rennerod"
5       and hab.name = "Hachenburg"
6       and kob.name = "Koblenz"
7  report extractPath(ren :-) <->+ hab <->+ , kob)
8  end
```

Listing 2.3: Die Suche nach einer mögliche Route von Rennerod nach Koblenz mit Zwischenstation Hachenburg

extractPath() einen Pfad, der tatsächlich von Rennerod über Hachenburg noch Koblenz führt. Hierbei ist wichtig zu beachten, dass die Pfade in einem Pfadsystem keinesfalls die kürzesten sein müssen. Im allgemeinen ist nicht einmal Zyklenfreiheit garantiert.

Das Anfrageergebnis ist

```
v1: City ---e1: Street-> v2: City ---e3: Street->
v3: City ---e4: Street-> v5: City ---e5: Street-> v6: City.
```

In Abbildung 2.3 auf Seite 23 kann abgelesen werden, dass der gefundene Weg von Rennerod über Langenhahn nach Montabaur führt. Von dort aus geht es über Neuhäusel nach Koblenz.

2.2. Das GREQL2-Schema

Wie bereits erwähnt, erzeugt der GREQL2-Parser beim Lesen einer Anfrage einen abstrakten Syntaxgraphen, welcher die interne TGraphen-Repräsentation der Anfrage darstellt und dem GREQL2-Schema genügt. Dieses ist ausführlich in Katrin Marchewkas
Diplomarbeit [Mar06] beschrieben, so dass hier nur eine kurze Einführung anhand des
Beispiels in Listing 2.4 gegeben wird.

```
1  from street : E{Street}
2  reportBag street,
3            street.name
4  end
```

Listing 2.4: Die Anfrage zur Bestimmung aller Straßen

Man kann sehen, dass lokale Variablen einer Kantenklasse mit E für Edge deklariert werden. Da kein with-Teil angegeben wurde, wird jeder an die Variable street gebundene Wert in die Ergebnismultimenge aufgenommen. reportBag ist gleichbedeutend mit
report, jedoch erlaubt letzteres noch die Angabe von Spaltennamen, die hier ohnehin
nicht verwendet werden. Will man statt einer Multimenge, die Duplikate enthalten darf,
lieber eine Menge als Ergebnis haben, so kann man dies in der Anfrage durch reportSet
zum Ausdruck bringen.

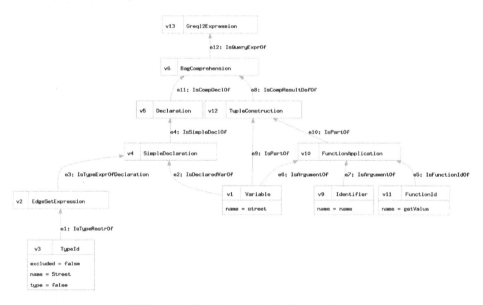

Abbildung 2.4.: Der Syntaxgraph der Kantenanfrage

Der Syntaxgraph der Anfrage aus Listing 2.4 ist in Abbildung 2.4 angegeben.

Das Wurzelelement einer GREQL-Query ist immer ein Knoten des Typs `Greql2Expression`.

Der FWR-Ausdruck wird als `BagComprehension`-Knoten v6 modelliert.

Die Variablendeklarationen im `from`-Teil werden durch einen über eine `isCompDeclOf`-Kante verbundenen `Declaration`-Knoten, welcher beliebig viele `SimpleDeclaration`-Knoten enthält, repräsentiert.

Im Beispiel wird nur eine Variable `street` deklariert. Sie wird an Kanten (E im Anfragetext bzw. `EdgeSetExpression` im Syntaxgraphen) gebunden und wird durch ihre Klassenzugehörigkeit eingeschränkt (`isTypeRestrOf`). Diese muss `Street` oder eine Unterklasse davon (`type = false`) sein. Bei `type = true` könnten nur Kanten vom Typ `Street` an die Variable `street` gebunden werden, nicht aber Kanten vom Typ `Highway`. Mit `excluded = true` lässt sich die Bedeutung invertieren: `street` ließe sich dann nur an Kanten, die gerade nicht der Klasse `Street` angehören, binden. Im Beispielgraphen aus Abbildung 2.3 auf Seite 23 träfe das jedoch auf keine Kante zu, so dass das Auswertungsergebnis die leere Menge wäre.

Die Gestalt der einzelnen Ergebnisse, die durch die `reportBag`-Klausel bzw. den entsprechenden `BagComprehension`-Knoten zusammengefasst werden, wird durch den durch eine `isCompResultDefOf`-Kante verbundenen Ausdruck bestimmt. Da im Beispiel sowohl die String-Repräsentation der Kante als auch der Kantenname ausgegeben werden sollen, muss mittels einer `TupleConstruction` ein Tupel erzeugt werden. Das erste Element ist der Wert der Variable `street` an sich, das zweite Element ist das Resultat der Funktionsanwendung (`FunctionApplication`) `street.getValue("name")`, das den Wert des Attributs `name` des an die Variable `street` gebundenen Elements liefert.

Der Vollständigkeit halber soll auch hier das Auswertungsergebnis der Anfrage angegeben werden.

```
{e6: Highway, A3}
{e4: Street, B49}
{e2: Street, B414}
{e3: Street, B255}
{e1: Street, B255}
{e7: Highway, A48}
{e5: Street, B49}
```

Auch hier lässt sich die Korrektheit wieder leicht anhand Abbildung 2.3 auf Seite 23 verifizieren.

2.3. Der GREQL2-Auswerter

In diesem Abschnitt wird die Funktionsweise des GREQL2-Auswerters beschrieben, da nur dann Aussagen über Optimierungsmöglichkeiten gemacht werden können.

Der Auswerter muss eine Funktion *GreqlSyntaxgraph* × *Datengraph* → *JValue* berechnen. Er bekommt also eine GREQL-Anfrage in Form eines Syntaxgraphen und den Datengraphen, auf welchen sich die Anfrage bezieht. Dann wertet er die Anfrage auf dem Datengraphen aus und liefert das Ergebnis als Objekt des generischen Containerformats `JValue`.

Das ist wie folgt implementiert: `VertexEvaluator` ist die Vaterklasse von über fünfzig weiteren Auswerterklassen, die spezialisiert für die einzelnen Knotentypen sind. Diese heißen `TEvaluator`, wenn `T` der Name eines Knotentyps ist. `VertexEvaluator` selbst ist abstrakt und definiert eine Methode `evaluate()`, die das Ergebnis der Auswertung des Knotens als `JValue` liefert und von allen Subklassen geeignet implementiert werden muss. Zusätzlich enthält `VertexEvaluator` eine statische Factory-Methode

```
VertexEvaluator createVertexEvaluator(Vertex vertex,
                                      GreqlEvaluator eval),
```

die mittels Reflection anhand des Typs von `vertex` den passenden `VertexEvaluator` für diesen Knoten erzeugt.

Im ersten Auswertungsschritt wird über alle Knoten des Syntaxgraphen iteriert. Für jeden Knoten wird mit `createVertexEvaluator()` ein passender `VertexEvaluator` erzeugt und als temporäres Attribut des Knotens gespeichert.

Die eigentliche Auswertung wird dann durch Aufruf der `evaluate()`-Methode des Auswerterobjekts des Wurzelknotens `Greql2Expression` gestartet. Dessen Auswerter, der `Greql2ExpressionEvaluator`, ermittelt nun die `VertexEvaluator`-Objekte der Kindknoten und ruft bei jenen die `getResult()`-Methode auf, welche entweder `evaluate()` aufruft oder ein bereits berechnetes und zwischengespeichertes Ergebnis zurückgibt. Dies wird rekursiv bis zu den Blättern des Syntaxgraphen fortgeführt, und jeder Nicht-Blatt-Knoten kombiniert die Ergebnisse seiner Kindknoten entsprechend seiner Semantik.

Um den Berechnungsaufwand möglichst gering zu halten, erfolgt die Auswertung falls möglich nach dem Prinzip der *lazy evaluation* (*verzögerte Auswertung*). Das heißt, dass Teilergebnisse nur dann (neu) berechnet werden, wenn sie in einer anderen Berechnung benötigt werden.

Da die Funktionen der GREQL-Funktionsbibliothek aber als Klassen mit einer `evaluate()`-Methode definiert sind, welche die Funktionsargumente als Parameter vom Typ `JValue` erhält, kann dieses Prinzip bei der Auswertung von `FunctionApplication`-Knoten nicht eingesetzt werden. So werden beim Funktionsaufruf `and(A, B)` die Ausdrücke A und B vor der Funktionsanwendung `and()` ausgewertet, obwohl die Berechnung des Ergebnisses von B unnötig ist, falls A bereits zu `false` ausgewertet wurde. Bei der Auswertung von GREQL2-Funktionen handelt es sich also um *eager evaluation* (*strikte Auswertung*).

Das Ergebnis einer Knoten-Auswertung wird als temporäres Attribut des entsprechenden VertexEvaluator-Elements gespeichert. Wird danach erneut getResult() aufgerufen, so wird das zwischengespeicherte Ergebnis geliefert. Der Auswerter speichert zu jeder Variable eine Liste von VertexEvaluator-Objekten, deren Ergebnisse von dieser Variable beeinflusst werden. Bei jeder Variableniteration werden die dadurch ungültig werdenden Teilergebnisse gelöscht und somit eine Neuberechnung veranlasst.

Dies soll am Beispiel aus Listing 2.5 verdeutlicht werden.

```
1  from a, b, c : list(7..20)
2  with isPrime(a) and a = b and b = c
3  reportSet a, b, c
4  end
```

Listing 2.5: Ein Primzahlbeispiel

In der Anfrage werden a, b und c nacheinander an die Belegungen (7, 7, 7), (7, 7, 8), ..., (20, 20, 19) bis (20, 20, 20) gebunden. Dabei wird zuerst die innerste Variable c inkrementiert, dann b und zuletzt die äußerste Variable a. Da jede der Variablen 14 verschiedene Werte annehmen kann, gibt es insgesamt $14^3 = 2744$ Belegungen, für die der with-Teil evaluiert werden muss.

Wie bereits erwähnt, sind in GREQL2 alle Operatoren wie das logische and oder equals als Funktion implementiert, was zur Folge hat, dass alle Parameter ausgewertet werden müssen. Der with-Teil der Anfrage in äquivalenter Präfix-Notation ist:

$$and(isPrime(a), and(equals(a, b), equals(b, c)))$$

Das Ergebnis von isPrime(a) wird nur 14 mal berechnet, da a nur 14 mal den Wert wechselt. Die restlichen 2730 mal liefert getResult() des entsprechenden Function-ApplicationEvaluator-Objekts das zwischengespeicherte Ergebnis der letzten Neuberechnung.

Das Resultat der Funktionsanwendung equals(a, b), welches in obiger Anfrage in der Infixnotation a = b geschrieben wurde, wird nur 196 mal neu berechnet, weil b nur nach jeweils 14 Iterationsschritten an einen neuen Wert gebunden wird.

Der zweite Vergleich equals(b, c) wird immer komplett neu berechnet, da sich der Wert von c nach jedem Iterationsschritt ändert.

Damit müssen auch beide and-Funktionsanwendungen bei jedem Iterationsschritt erneut berechnet werden. Die folgende Tabelle fasst die Anzahl der Neuberechnungen der jeweiligen Ausdrücke noch einmal zusammen.

Ausdruck	Anzahl Neuberechnungen
isPrime(a)	14
equals(a, b)	196
equals(b, c)	2744
inneres and()	2744
äußeres and()	2744

Das Ergebnis der Anfrage ist die Menge aller Dreiertupel gleicher Primzahlen zwischen
7 und 20.

```
{11,  11,  11}
{17,  17,  17}
{19,  19,  19}
{7,  7,  7}
{13,  13,  13}
```

Im folgenden Abschnitt wird der Themenbereich rund um GREQL2 kurzzeitig verlassen
und ein Einblick in die Optimierung von Anfragen in relationalen Datenbanksystemen
gegeben.

2.4. Die Anfrageoptimierung in relational Datenbankensystemen

Gemäß [Vos04] unterteilt sich die Anfrageverarbeitung in relationalen Datenbanksystemen in vier Phasen.

1. In der **Vorverarbeitung** wird der als Anfrage in einer deklarativen Hochsprache wie SQL vorliegende Ausdruck in eine interne, prozedurale Form der Relationenalgebra umgeformt und Views durch ihre Definitionen ersetzt.

2. Danach erfolgt die **High-Level-** oder **algebraische Optimierung**, bei der Äquivalenzumformungen auf den Ausdruck angewendet werden.

3. Bei der **Low-Level-Optimierung** wird zum bereits optimierten Ausdruck ein möglichst kostenminimaler *Ausführungsplan (query execution plan, QEP)* erzeugt.

4. In der **Anfrage-Ausführung** wird zuletzt der im vorangegangenen Schritt gewählte QEP ausgeführt und das Anfrageergebnis berechnet.

Ziel der Anfrageoptimierung der Schritte 2 und 3 ist, einen Anfrageausdruck vor der Ausführung in einen äquivalenten Ausdruck umzuformen, dessen Ergebnis mit dem der Originalanfrage übereinstimmt, die Ausführungskosten jedoch geringer sind.

Dabei können die Kostenarten vielfältig und für jede Datenbank und jeden Einsatzzweck verschieden gewichtet sein. Einige Faktoren sind zum Beispiel

- die Wartezeit für den Benutzer,

- die tatsächlich verbrauchte CPU-Zeit,

- der Speicherverbrauch,

- die Anzahl von I/O-Operationen, insbesondere von Sekundärspeicherzugriffen,

- der gesamte Ressourcenverbrauch und eventuell auch

- der benötigte Energieverbrauch.

In den folgenden Abschnitten werden die beiden Optimierungsschritte 2 und 3 etwas genauer erläutert.

2.4.1. Die algebraische Optimierung

In der algebraischen Optimierung wird ein in der Relationenalgebra vorliegender Ausdruck in mehreren Schritten in einen äquivalenten Ausdruck, der allerdings kosteneffizienter zu berechnen ist, umgeformt.

Vossen liefert in [Vos04] folgende Äquivalenz-Definition.

Definition 2. Es sei $D = (R, .)$; E und E' seien Ausdrücke aus RA. E und E' heißen **äquivalent**, i. Z. $E \approx E'$, falls gilt: $(\forall d \in Dat(R))\ v_E(d) = v_{E'}(d)$

Zwei Ausdrücke E und E' der Relationenalgebra RA heißen also äquivalent, falls sie bei *jeder* Auswertung bezüglich jedes aktuellen Zustands d über dem gegebenen Datenbankschema D das gleiche Ergebnis liefern.

Die Ausdrücke liegen dabei als Baum vor, wobei die Blätter die Operanden, die inneren Knoten Operationen und die Kanten den Datenfluss repräsentieren. Zur Optimierung wird insbesondere versucht die Zwischenergebnisse der Auswertung zu verkleinern indem Selektionen und Projektionen möglichst weit nach unten im Baum gezogen und so möglichst früh angewendet werden.

Eine von Vossen beschriebene Heuristik zur Durchführung der algebraischen Optimierung umfasst zum Beispiel die folgenden Schritte:

1. Zerlege Selektionsoperationen, deren Bedingung eine Konjunktion von elementaren Bedingungen ist, in eine Folge von Selektionsoperationen.

   Damit können die Selektionen in späteren Schritten separat behandelt werden.

2. Schiebe Selektionen vorbei an anderen Operationen so weit wie möglich nach unten im Anfragebaum.

3. Nimmt man an, dass der Anfragebaum von links nach rechts ausgewertet wird, so rearrangiere die Blätter des Baums derart, dass jene, die mit den restriktivsten Selektionsoperationen verbunden sind, am weitesten links stehen.

4. Im letzten Schritt zerlege Projektionen und verschiebe sie im Baum so weit wie möglich nach unten.

   Hierbei muss darauf geachtet werden, dass keine Join-Attribute, die später benötigt werden, durch Projektionen entfernt werden, was den Verbund zu einem teuren kartesischen Produkt degenerieren würde.

Zuletzt kann sich eine Suche nach identischen Teilausdrücken anschließen, mit dem Ziel, diese zu verschmelzen und so nur einmal auszuwerten.

2.4.2. Die Low-Level-Optimierung

Bei der Low-Level-Optimierung geht es um die Erzeugung eines möglichst effizienten Ausführungsplans. Während die algebraische Optimierung auf der sogenannten *logischen* Algebra, also dem Datenmodell des Systems (z.B. Relationenalgebra) arbeitet, benutzt die Low-Level-Optimierung zur Formulierung von QEPs die *physische* Algebra. Diese stellt systemspezifische Operatoren bereit, die jene der logischen Algebra implementieren. Somit können hier Implementierungsdetails berücksichtigt werden.

Hierbei gibt es drei wesentliche Aspekte:

1. die Umformung eines Ausdrucks der logischen Algebra in einen Ausführungsplan

2. eine *Suchstrategie*, die beschreibt, wie zu einem gegebenen QEP weitere alternative QEPs erzeugt werden können

3. eine *Kostenfunktion*, mit der sich die einzelnen Ausführungspläne bewerten lassen

Bei den Suchstrategien gibt es zum einen die vollständige Suche (z.b. Tiefensuche oder Breitensuche), die aus einem initialen QEP alle möglichen Alternativ-QEPs erzeugt und bewertet. Nur bei vollständiger Suche kann der Fund eines optimalen Ausführungsplans garantiert werden, jedoch ist der Kostenaufwand dazu immens. Zum anderen existieren Heuristiken, die meistens zwar einen suboptimalen QEP liefern, dafür aber hinreichend schnell sind. In der Regel ist man vor allem an der Vermeidung eines besonders schlechten als am Fund des optimalen Ausführungsplans interessiert, so dass der Einsatz von Heuristiken ausreichend ist.

Zur Bewertung alternativer Ausführungspläne zwecks Selektion des Besten, hat die Kostenfunktion die Aufgabe, die gegebenen QEPs einer möglichst realistischen und effizienten Kostenabschätzung zu unterziehen. Hierbei können alle bereits am Anfang dieses Abschnitts erwähnten Faktoren wie CPU-Zeit oder die Anzahl von I/O-Operationen eingehen.

Wurde zwischen den verschiedenen alternativen Ausführungsplänen der laut Kostenfunktion effizienteste gewählt, wird dieser zur Ausführung gebracht.

2.4.3. Die Optimierung in Datenbanken und GREQL2

Bei der Anfrageauswertung in Datenbanksystemen entfallen große Teile der Kosten auf Zugriffe auf den Hintergrundspeicher oder die Generierung von Dateien zur Speicherung von Zwischenergebnissen. Die Bibliothek JGRALAB hält den Datengraphen, auf dem eine Anfrage ausgewertet werden soll, komplett im Hauptspeicher. Daher können solche Kosten vernachlässigt werden, und der Fokus liegt auf den reinen Berechnungskosten.

3. Die Arbeitsweise des GREQL1-Optimierers

Dieses Kapitel beleuchtet die Arbeitsweise des GREQL1-Optimierers von David Polock ([Pol97]). Dieser hat die gleiche Zielsetzung wie der zu entwickelnde GREQL2-Optimierer, nämlich die Umformung des Syntaxgraphen der Anfrage derart, dass das Auswertungsergebnis der optimierten und der Originalanfrage gleich sind, jedoch die Auswertungszeit der optimierten Anfrage stark verringert wird. Die Gliederung wurde von Polocks Arbeit übernommen.

Zuerst wird beschrieben, wie der GREQL1-Optimierer die Mehrfach-berechnung gleicher Teilausdrücke in Anfragen vermeidet.

Danach wird die Bewertungsfunktion vorgestellt, mit welcher der Optimierer abschätzt, ob eine Umformung des Syntaxgraphen die Auswertung beschleunigt.

Zuletzt werden alle Transformationen, die der GREQL1-Optimierer auf den Syntaxgraphen anwenden kann, beschrieben.

3.1. Die Erkennung gleicher Teilausdrücke

Genau wie der GREQL2-Auswerter berechnet auch der GREQL1-Auswerter das Ergebnis eines Teilausdrucks nur einmal und speichert es dann zwischen. Wird der Wert erneut abgefragt, so kann das bereits errechnete Ergebnis zurückgeliefert werden. Eine Neuberechnung findet nur dann statt, wenn sich der Wert einer Variable ändert, die das Ergebnis des Teilausdrucks beeinflusst.

Als Beispiel soll das Prädikat

$$P == isPrime(n) \wedge (\neg isPrime(n) \vee n < 200) \qquad (3.1)$$

betrachtet werden. Angenommen n hat den Wert 333, so wird $isPrime(333)$ zweimal ausgewertet, denn beide Funktionsaufrufe von $isPrime()$ werden durch verschiedene Knoten im Anfragegraphen repräsentiert.

Eine solche Mehrfachauswertung lässt sich verhindern, indem man den Wert des Ausdrucks, der an mehreren Stellen verwendet wird, lokal an eine Variable bindet. So könnte man obigen Ausdruck effizienter als

$$P == (\textbf{let } x == isPrime(n) \bullet x \wedge (\neg x \vee n < 200)) \qquad (3.2)$$

schreiben.

Der GREQL1-Optimierer verfährt jedoch anders. Zuerst werden alle **let**-Ausdrücke beseitigt, indem alle **let**-gebundenen Variablen durch ihre Definitionen ersetzt werden. Aus dem umgeformten Prädikat 3.2 würde hierbei wieder das Ursprungsprädikat 3.1 werden.

Danach wird im gesamten Graphen nach gleichen Teilausdrücken gesucht. Zwei Subgraphen sind gleich, wenn ihre Wurzelknoten den gleichen Typ, die gleichen Attribute und gleich viele Nachfolger in der gleichen Reihenfolge besitzen, für die wieder paarweise Gleichheit im Sinne dieser Definition gelten muss. Wird ein gemeinsamer Teilausdruck gefunden, werden die entsprechenden Knoten des Graphen verschmolzen.

3.2. Die Bewertungsfunktion

Damit der Optimierer entscheiden kann, welche Transformationsanwendungen in einer Verkürzung der Auswertungszeit resultieren, definiert David Polock in [Pol97] eine Bewertungsfunktion *cost*, welche zu einem gegebenen Term t die Auswertungszeit in der abstrakten Maßeinheit "Interpretationsschritte" schätzt. Dabei entspricht ein Interpretationsschritt (IS) ungefähr dem Aufwand, den Wert eines Knotens zum darüber liegenden Knoten zu propagieren (vgl. [Pol97], S. 24).

Die Kostenfunktion wird realisiert, indem jedem Knoten ein Attribut *cost* zugeordnet wird. Weiterhin erhalten Knoten von Ausdrücken und Deklarationen ein Attribut *card*, welches die Mächtigkeit (Kardinalität) angibt. Prädikatknoten erhalten ein Attribut *sel*, welches die Selektivität, d.h. die Wahrscheinlichkeit, dass der Knoten zu *true* ausgewertet wird, angibt. Die Kardinalität eines Konditionalausdrucks p ? x : y; bestimmt sich beispielsweise als $sel(p) * card(x) + (1 - sel(p)) * card(y)$.

Die Kosten eines Knotens berechnen sich nun aus den Kosten seiner Kindknoten zuzüglich den eigenen Evaluationskosten. Betrachtet man beispielsweise den Ausdruck

$$\{\, a,b : M \bullet a + b \,\},$$

so berechnen sich seine Kosten als $cost(a+b) * card(M)^2$.

Allerdings ist der Aufwand zur Berechnung des Ergebnisses von

$$\{\, a,b : M \bullet a + 1 \,\}$$

ein anderer, denn der innere Ausdruck $a + 1$ hängt nicht von der Variablen b ab. Damit auch hier die Kosten plausibel abgeschätzt werden können, verwendet der GREQL1-Optimierer kein einzelnes Attribut *cost*, um die Kosten der Berechnung eines Terms t zu beschreiben, sondern eine Menge von $cost_\alpha$-Attributen. Das Attribut $cost_\alpha$ gibt die Evaluationskosten des Knotens t an, wenn sich der Wert der lokalen Variable α und damit auch die Werte aller lokalen Variablen im Gültigkeitsbereich von α ändert. Der globale Gültigkeitsbereich wird mit dem Symbol $\bot$ bezeichnet und das zugehörige Kostenattribut ist somit $cost_\bot$.

Die Auswertungskosten des Ausdrucks $\{\, a,b : M \bullet a + 1 \,\}$ werden also durch folgende Attribute beschrieben:

- $cost_\bot$: der Aufwand zur Erkennung der Konstanten 1

- $cost_a$: der Aufwand der Addition $a + 1$

- $cost_b$: der Aufwand zur Erkennung des bereits berechneten Wertes

Kennt man bestimmte Meta-Informationen, wie beispielsweise die Anzahl aller Knoten eines bestimmten Typs im Datengraph oder andere Schemainformationen, so lassen sich diese oftmals zur gezielten Optimierung verwenden.

```
1  from x : V{X},
2       y : V{Y}
3  report x <-> y
4  end
```

Listing 3.1: Eine Einfache Anfrage mit Pfadausdruck

Beispielsweise lässt sich ein Pfadausdruck wie der in Listing 3.1 schneller berechnen, wenn man ihn umdreht, falls der Datengraph mehr Knoten des Typs X als des Typs Y hat. Das liegt daran, dass zu einem Pfadausdruck ein endlicher Automat konstruiert und für jeden Startknoten getestet wird, ob der Pfad zu einem Finalzustand führt. Angenommen es gäbe 10 Knoten vom Typ X und 2 vom Typ Y, dann müsste der Test für obigen Pfadausdruck zehn mal berechnet werden. Dreht man den Pfadausdruck um, so sind nur zwei Automatentests erforderlich.

Da dem GREQL1-Optimierer solche Informationen nicht zur Verfügung stehen, da bei *offline*-Verwendung kein Datengraph vorliegt oder die Berechnung derselben zu aufwändig ist, wird auf eine Reihe von Parametern der Form $\delta_{paramName}$ zurückgegriffen, die über eine Konfigurationsdatei anpassbar sind (vgl. [Pol97], S. 26ff). Zum Beispiel gibt der Parameter $\delta_{pathCard}$ die durchschnittliche Kardinalität des Ergebnisses eines Pfadausdrucks an, der Parameter δ_{cpp} den Faktor des Geschwindigkeitsunterschiedes zwischen Interpretationsschritten und einfachen Berechnungen im C++-Code. Ein Großteil dieser Parameter ist für einen Menschen nicht sinnvoll zu belegen. Zudem sind sie höchst spezifisch für ein gegebenes Schema oder einen gegebenen Datengraphen. Gute Standardwerte, die für möglichst alle Graphen und Schemata zutreffen, gibt es nicht. Damit ist ein Ziel des GREQL2-Optimierers das Finden geeigneter Strategien, ohne auf solche ungenauen Informationen zurückzugreifen.

3.3. Die Transformationen

In diesem Abschnitt werden alle im GREQL1-Optimierer verwendeten Transformationen kurz vorgestellt. Darunter sind auch einige Transformationen, die nicht direkt einen Geschwindigkeitsvorteil bringen, sondern einen Graphen derart umformen, dass eine weitere Transformation ermöglicht wird. Erst durch die Verbindung beider Transformationen soll eine Aufwandsreduzierung erfolgen.

Um zu entscheiden, ob eine Transformation oder die sequentielle Anwendung mehrerer Transformationen sinnvoll ist, d.h. eine schnellere Auswertung ermöglicht, wird die im vorigen Abschnitt erläuterte Bewertungsfunktion benutzt.

3.3.1. Selektion so früh wie möglich

Bei einer Deklaration $i : 1..10; j : 1..10; k : 1..10 \mid pred(i,j,k) \wedge isPrime(i)$ ist der Ausdruck $isPrime(i)$ nur von der Variablen i abhängig, nicht aber von j und k. Die aus der Datenbankwelt bekannte Transformation "Selektion so früh wie möglich" zieht das einschränkende Prädikat $isPrime(i)$ so weit wie möglich nach außen, so dass man $i : \{a : 1..10 \mid isPrime(a) \bullet a\}; j : 1..10; k : 1..10 \mid pred(i,j,k)$ als transformierte Deklaration erhält. Der Vorteil liegt darin, dass das von allen Variablen abhängige Prädikat $pred$ nun nur noch $4 * 10^2 = 400$ statt $10^3 = 1000$ mal berechnet werden muss, denn i wird nicht mehr an alle Zahlen zwischen 1 und 10 gebunden, sondern nur noch an die vier Primzahlen 2, 3, 5 und 7 in diesem Intervall.

3.3.2. Pfadprädikate in Pfadausdrücke wandeln

Sei π ein Pfadausdruck und v und w Knoten. Der Pfadausdruck $v\pi$ bestimmt die Menge aller Knoten, die über einen Pfad der Form π von v aus erreichbar sind. Das Pfadprädikat $v\pi w$ testet, ob zwischen den beiden Knoten v und w ein Pfad der Form π existiert. Die Deklaration $v : V_a; w : V_b \mid v\pi w$ bestimmt also die Menge aller Paare (v,w) zwischen denen ein solcher Pfad existiert. Das Pfadprädikat wird also $\mid V_a \mid \cdot \mid V_b \mid$ mal getestet. Der Gesamtaufwand ist damit $\mid V_a \mid \cdot \mid V_b \mid \cdot cost_{pathExistence}$.

Der GREQL1-Optimierer wandelt nun das Pfadprädikat in einen Pfadausdruck mit Zielklassenrestriktion um: $v : V_a; w : (v\pi \bullet_b)$. Der Pfadausdruck muss hier nur $\mid V_a \mid$ mal berechnet werden. Da die Auswertung eines Pfadausdrucks laut David Polock in etwa doppelt so teuer wie die Auswertung einer Pfadexistenz ist, ergibt sich der Gesamtaufwand $\mid V_a \mid \cdot 2 \, cost_{pathExistence}$.

3.3.3. Boolsche Terme in IF-Form wandeln

Ein boolscher Ausdruck lässt sich als Funktion seiner nichtkonstanten Teilterme betrachten. Das Prädikat

$$a < 4 \wedge (b > 5 \vee (\forall c : C \bullet a < c))$$

besitzt die beiden einfachen Prädikate $x_1 := a < 4$ und $x_2 := b > 5$ und das quantifizierte Prädikat $x_3 := \forall c : C \bullet a < c$, so dass es sich als Funktion $f : \mathbb{B}^3 \to \mathbb{B}$ mit

$$f(x_1, x_2, x_3) = x_1 \wedge (x_2 \vee x_3) \tag{3.3}$$

schreiben lässt. Aus den Wahrheitswerten der drei Teilterme x_1, x_2 und x_3 lässt sich der Wahrheitswert des gesamten Prädikats berechnen.

Der GREQL1-Auswerter nimmt bei den boolschen Verknüpfungen $\wedge$ und $\vee$ eine Short-Circuit-Auswertung vor. Daher ist die Reihenfolge, in der die einzelnen Teilterme ausgewertet werden, von großer Bedeutung für den Aufwand zur Berechnung des gesamten Terms, denn häufig reicht die Berechnung nur weniger Teilterme aus.

Zu jedem Teilterm seien dessen Selektivität *sel* und Auswertungskosten *cost* gegeben. Dann kann man für alle möglichen Auswertungsreihenfolgen einen Entscheidungsbaum aufstellen und mit diesem die durchschnittlichen Auswertungskosten berechnen. Diese Methode ist jedoch für mehr als vier Grundterme nicht mehr praktikabel, weil die Anzahl der äquivalenten Entscheidungsbäume für n Grundterme in der Größenordnung $O(2^{2^n})$ liegt.

David Polock benutzt daher in [Pol97] ein heuristisches Verfahren basierend auf einem Artikel von Kemper, Moerkotte und Steinbrunn [KMS92], welches einen möglichst kostenmimimalen Entscheidungsbaum berechnen soll. Es gibt zwei Heuristiken, die bestimmen, welche Terme weit oben in einem solchen Entscheidungsbaum stehen sollten:

1. Platziere den Term, der den größten Einfluss auf das Gesamtergebnis unter den noch nicht einsortierten Termen hat, so weit wie möglich oben im Baum.

2. Platziere den Term, der die geringsten Auswertungskosten unter den noch nicht einsortierten Termen hat, so weit wie möglich oben im Baum.

Den Einfluss auf das Gesamtergebnis erhält man durch Bildung der **boolschen Differenz**, welche für eine Funktion $f : \mathbb{B}^n \to \mathbb{B}$ wie folgt definiert ist:

$$\Delta_{x_i} f(x_1, .., x_{i-1}, x_{i+1}, .., x_n) := f(x_1, .., x_{i-1}, false, x_{i+1}, .., x_n) \tag{3.4}$$
$$\not\equiv f(x_1, .., x_{i-1}, true, x_{i+1}, .., x_n)$$

So ist beispielsweise die boolsche Differenz von f bezüglich x_1 gegeben durch

$$\begin{aligned}
\Delta_{x_1} f(x_2, x_3) &= (false \wedge x_2) \vee \neg x_3 \not\equiv (true \wedge x_2) \vee \neg x_3 \\
&= \neg x_3 \not\equiv x_2 \vee \neg x_3 \\
&= x_3 \wedge (x_2 \vee \neg x_3) \vee \neg x_3 \wedge \neg (x_2 \vee \neg x_3) \\
&= x_3 \wedge x_2 \vee x_3 \wedge \neg x_3 \vee \neg x_3 \wedge \neg x_2 \wedge x_3 \\
&= x_3 \wedge x_2
\end{aligned}$$

Die boolsche Differenz von f bezüglich x_2 ist

$$\begin{aligned}
\Delta_{x_2} f(x_1, x_3) &= (x_1 \wedge false) \vee \neg x_3 \not\equiv (x_1 \wedge true) \vee \neg x_3 \\
&= ... \\
&= x_3 \wedge x_1
\end{aligned}$$

und die boolsche Differenz von f bezüglich x_3 ist

$$\Delta_{x_3} f(x_1, x_2) = (x_1 \wedge x_2) \vee \neg false \not\equiv (x_1 \wedge x_2) \vee \neg true$$
$$= \ldots$$
$$= \neg (x_1 \wedge x_2).$$

Für die Selektivität und die Kosten der einzelnen Teilausdrücke mögen die folgenden Werte gelten:

Term	sel	cost
x_1	0,8	5
x_2	0,5	3
x_3	0,2	8

Damit erhält man die folgenden Werte für den Einfluss auf das Gesamtergebnis:

$$P(\Delta_{x_1} f(x_1, x_2)) = P(x_3 \wedge x_2) = P(x_3) * P(x_2) = 0.2 * 0.5 = 0.1$$
$$P(\Delta_{x_2} f(x_1, x_3)) = P(x_3 \wedge x_1) = P(x_3) * P(x_1) = 0.2 * 0.8 = 0.16$$
$$P(\Delta_{x_3} f(x_1, x_2)) = P(\neg (x_1 \wedge x_2)) = 1.0 - P(x_1) * P(x_2) = 1.0 - 0.8 * 0.5 = 0.6$$

Nach der ersten Heuristikregel sollte der Auswerter zuerst den Teilterm x_3 berechnen. Laut der zweiten Heuristikregel sollte jedoch x_2 als erstes berechnet werden. Da sich beide Regeln widersprechen können, werden die Einflusswerte noch durch die entsprechenden Auswertungskosten des Teilterms dividiert und dieser Wert als Entscheidungskriterium bezüglich der Reihenfolge verwendet.

$$s_i := \frac{P(\Delta_{x_i} f)}{cost(x_i)} \tag{3.5}$$

Es ergeben sich die folgenden Werte:

$$s_1 = \frac{P(\Delta_{x_1} f(x_1, x_2))}{cost(x_1)} = \frac{0,1}{5} = 0.02$$

$$s_2 = \frac{P(\Delta_{x_2} f(x_1, x_3))}{cost(x_2)} = \frac{0,16}{3} = 0.05\overline{33}$$

$$s_3 = \frac{P(\Delta_{x_3} f(x_1, x_2))}{cost(x_3)} = \frac{0,6}{8} = 0.075$$

Der Term x_3 soll also zuerst berechnet werden, denn er besitzt das beste Einfluss-Kosten-Verhältnis.

Um dies zu erreichen, wird der Term in einen IF-Ausdruck umgeformt. Dazu splittet man die Funktion f zuerst in zwei Funktionen: eine für den Fall, dass die höchstpriorisierte Variable $x_3 = true$ ist und eine für den gegenteiligen Fall.

$$f_{x_3 = true}(x_1, x_2) = x_1 \wedge (x_2 \vee true) = x_1$$
$$f_{x_3 = false}(x_1, x_2) = x_1 \wedge (x_2 \vee false) = x_1 \wedge x_2$$

Damit lässt sich der Term in den folgenden IF-Ausdruck wandeln.

$$\textbf{if } x_3 \textbf{ then } x_1 \textbf{ else } x_1 \wedge x_2 \qquad (3.6)$$

Nun wird das Verfahren auf den komplexen Ausdruck im **else**-Teil abgewandt. Für x_1 ergibt sich die boolsche Differenz

$$
\begin{aligned}
\Delta_{x_1} f_{x_3=false}(x_2) &= false \wedge x_2 \not\equiv true \wedge x_2 \\
&= false \not\equiv x_2 \\
&= true \wedge x_2 \vee false \wedge \neg x_2 \\
&= x_2.
\end{aligned}
$$

Der Einfluss auf das Ergebnis von $f_{x_3=false}$ ist damit

$$P(\Delta_{x_1} f_{x_3=false}(x_2)) = P(x_2) = 0.5,$$

so dass man zu einem Einfluss-Kosten-Verhältnis von

$$\frac{P(\Delta_{x_1} f_{x_3=false}(x_2))}{cost(x_1)} = \frac{0.5}{5} = 0.1$$

gelangt. In gleicher Weise ergibt sich für x_2 die boolsche Differenz

$$
\begin{aligned}
\Delta_{x_2} f_{x_3=false}(x_1) &= x_1 \wedge false \not\equiv x_1 \wedge true \\
&= false \not\equiv x_1 \\
&= x_1,
\end{aligned}
$$

somit der Einflusswert

$$P(\Delta_{x_2} f_{x_3=false}(x_1)) = P(x_1) = 0.8,$$

und man erhält das Einfluss-Kosten-Verhältnis

$$\frac{P(\Delta_{x_2} f_{x_3=false}(x_1))}{cost(x_2)} = \frac{0.8}{3} = 0.2\overline{66}.$$

Folglich ist es günstiger x_2 vor x_1 auszuwerten. Um das zu erreichen, wird der **else**-Teil des Ausdrucks (3.6) ebenfalls in einen IF-Ausdruck gewandelt. Der **if**- und der **else**-Teil ergeben sich wie folgt:

$$
\begin{aligned}
f_{x_3=false \wedge x_2=true}(x_1) &= x_1 \wedge true = x_1 \\
f_{x_3=false \wedge x_2=false}(x_1) &= x_1 \wedge false = false
\end{aligned}
$$

Der komplett in IF-Form gewandelte Ausdruck f aus (3.3) ist daher

$$\textbf{if } x_3 \textbf{ then } x_1 \textbf{ else } (\textbf{if } x_2 \textbf{ then } x_1 \textbf{ else } false). \qquad (3.7)$$

Dieser enthält keine komplexen Terme mehr, wodurch das Verfahren abbricht.

$p(a)$	$p(b)$	$p(c)$	f
0	0	0	1
0	0	1	1
0	1	0	1
0	1	1	0
1	0	0	0
1	0	1	0
1	1	0	0
1	1	1	0

Tabelle 3.1.: Die Wahrheitstabelle des Beispielprädikats

3.3.4. Boolsche Terme in Konjunktionsketten wandeln

Diese Transformation ermöglicht nicht unmittelbar Geschwindigkeitsvorteile, sondern sie führt Prädikate in eine Form über, in der die in 3.3.1 bereits beschriebene Transformation "Selektion so früh wie möglich" anwendbar wird.

Als Beispiel soll die Deklaration $a, b, c : M \mid (p(a) \vee p(b)) \Rightarrow (\neg p(a) \wedge \neg p(c))$ betrachtet werden.

Die Wahrheitswerte des Prädikats zeigt Tabelle 3.1. Mit ihr kann man leicht die konjunktive Normalform des Prädikats herstellen.

$$(p(a) \vee \neg p(b) \vee \neg p(c)) \wedge$$
$$(\neg p(a) \vee p(b) \vee p(c)) \wedge$$
$$(\neg p(a) \vee p(b) \vee \neg p(c)) \wedge$$
$$(\neg p(a) \vee \neg p(b) \vee p(c)) \wedge$$
$$(\neg p(a) \vee \neg p(b) \vee \neg p(c))$$

Mit Hilfe des Verfahrens von Quine und McCluskey kann das Prädikat nun zu

$$p(a) \wedge$$
$$(\neg p(b) \vee \neg p(c))$$

minimiert werden. Die Transformation "Selektion so früh wie möglich" kann nun das erste Konjunkt herausziehen, denn es hängt nur von a ab. Die optimierte Deklaration ist dann $a : \{a' : M \mid \neg p(a')\}; b, c : M \mid \neg p(b) \vee \neg p(c)$.

3.3.5. Variablen-Permutation

Die Reihenfolge der Variablen in einer Deklaration kann sich sehr stark auf den Berechnungsaufwand eines Terms, der von dieser Deklaration abhängt, auswirken, wie folgendes Beispiel verdeutlicht. Bei der Multimengendefinition

$$[\![\, b : \{1, 2, 3\}; \, a : \{1, 2\} \bullet 3 + a \,]\!]$$

wird der Term $3+a$ immer dann vom GREQL1-Auswerter neu berechnet, wenn sich
der Wert der Variable a ändert. Da die Variablenbelegungen bei dieser Anordnung in der
Deklaration durch die Folge $(b=1, a=1)$, $(b=1, a=2)$, $(b=2, a=1)$, $(b=2, a=2)$,
$(b=3, a=1)$, $(b=3, a=2)$ gegeben ist, wird der Term sechs mal berechnet, obwohl a
nur zwei verschiedene Werte annehmen kann.

Durch eine Vertauschung der Deklarationsreihenfolge von a und b zu

$$\llbracket\, a : \{1,2\};\ b : \{1,2,3\} \bullet 3+a \,\rrbracket$$

muss der Term $3+a$ bei der Auswertung nur noch zweimal berechnet werden, denn bei
den Belegungen $(a=1,\ b=2)$, $(a=1,\ b=3)$, $(a=2,\ b=2)$ und $(a=2,\ b=3)$ kann
jeweils auf das bereits berechnete Resultat der Belegung $(a=1,\ b=1)$ bzw. $(a=2,\ b=1)$ zurückgegriffen werden.

Bei einer solchen Variablen-Permutation muss gelten, dass eine Variable α_j nicht vor eine
Variable α_i gezogen werden kann, falls die Wertemengendefinition von α_j die Variable α_i
benutzt. Zum Beispiel kann in der Deklaration $a : 1..10, b : 1..a$ die Deklaration von b
nicht vorgezogen werden.

3.3.6. Variablen mittels Heuristiken anordnen

Die Transformation "Variablen-Permutation" aus Abschnitt 3.3.5 ist nur für Deklarationen mit einer nicht allzu hohen Anzahl von Variablen praktikabel. Das liegt daran, dass
bei n Variablen im schlechtesten Fall, d.h. alle Variablen sind voneinander unabhängig,
$n!$ Permutationen existieren, welche der Optimierer erzeugen und bezüglich der Kostenfunktion (vgl. 3.2) bewerten muss.

Bei Deklarationen mit als Konjunktionskette vorliegendem einschränkendem Prädikat
(vgl. 3.3.4) kann man diese Brute-Force-Methode durch Heuristiken verbessern. Betrachtet man den Term

$$\{\, a : 1..1000;\ b : 1..100;\ c : 1..10;\ d : 1..2 \,|\, f(a,d) \wedge g(b,c) \bullet a+c \,\},$$

so erkennt man, dass das Prädikat f nur von den Variablen a und d abhängig ist, genauso
wie g nur von b und c abhängt.

Der Optimierer fasst nun die Variablen mit gemeinsamer Abhängigkeit in Partitionen zusammen, welche untereinander unabhängig sind. Im obigen Beispiel hat man die Partitionen $\{a,d\}$ und $\{b,c\}$. Jetzt ist das Permutationsproblem reduziert auf die Anordnung der
Variablen innerhalb einer Partition und die Anordnung der Partitionen untereinander.

Bei der Anordnung der Variablen innerhalb einer Partition wird die Heuristik verwendet,
Variablen mit kleiner Wertemenge möglichst weit außen zu positionieren. Dabei ist zu
beachten, dass durch Anwendung der Transformationsregel "Selektion so früh wie möglichst" aus Abschnitt 3.3.1 die Kardinalität schon frühzeitig mit den abhängigen Prädikaten dieser Partition eingeschränkt werden kann. Man erhält für die beiden Partitionen des
Beispiels dann $d : 1..2;\ a : \{x : 1..1000 \,|\, f(a,d)\}$ und $c : 1..10;\ b : \{y : 1..100 \,|\, g(b,c)\}$.

Falls eine Partition mehrere abhängige Prädikate besitzt, so ist eine weitere Heuristik, Prädikate mit hohen Auswertungskosten möglichst weit außen zu platzieren, denn dort müssen sie seltener ausgewertet werden als innen. Damit erhält man die möglichen Terme

$$\{d:1..2;\ a:\{x:1..1000\,|\,f(x,d)\};\ c:1..10;\ b:\{y:1..100\,|\,g(y,c)\}\bullet a+c\} \qquad (3.8)$$

oder

$$\{c:1..10;\ b:\{y:1..100\,|\,g(y,c)\};\ d:1..2;\ a:\{x:1..1000\,|\,f(x,d)\}\bullet a+c\} \qquad (3.9)$$

Betrachtet man den ersten Term, so ist zu erkennen, dass c dadurch, dass es im Gültigkeitsbereich von d und a liegt, dieselben Werte mehrfach annimmt. Deshalb wird für jede Neubelegung von c der Wert von b und damit das Prädikat g erneut berechnet, da der Auswerter nur das Resultat der letzten Auswertung eines Terms zwischenspeichert. Um diese unnötigen Neuberechnungen zu sparen, kann der GREQL1-Optimierer die Belegungen einer Teilmenge einer Partition als Menge von Tupeln zwischenspeichern. Für den Ausdruck (3.8) ergibt sich dann

$$\{d:1..2;\ a:\{x:1..1000\,|\,f(a,d)\};\ bc:\{c:1..10;\ b:1..100\,|\,g(b,c)\}\bullet a+bc_c\}, \qquad (3.10)$$

wobei bc eine neue tupelwertige Variable ist, auf deren c-Komponente mittels bc_c zugegriffen werden kann.

Die Partitionen an sich werden nach der geschätzten Kardinalität absteigend angeordnet. Damit wird der Aufwand zur Zwischenspeicherung der Tupelmengen minimiert, denn zur ersten und damit größten Partition wird keine Tupelmenge erzeugt. Nimmt man an, dass die beiden Prädikate f und g eine Selektivität von 0.5 haben, so ergeben sich die Kardinalitäten 1000 für die Partition der Variablen a und d bzw. 500 für die Partition der Variablen b und c. Der Ausdruck (3.10) ist also das Ergebnis dieser Transformation.

3.3.7. Verlagere den Body quantifizierter Prädikate in Bedingung

Diese Transformation führt genau wie die Transformation "Boolsche Terme in Konjunktionsketten wandeln" aus Abschnitt 3.3.4 nicht unmittelbar zu einer Aufwandsreduzierung, aber sie überführt quantifizierte Prädikate in eine Form, auf welche die Transformationen "Selektion so früh wie möglich" (3.3.1) und "Boolsche Terme in IF-Form wandeln" (3.3.3) anwendbar sind.

Als Beispiel soll das Prädikat $(\exists_1 n:1..200\,|\,isPrime(n)\bullet n>190)$ dienen. Es testet, ob es im Intervall $]190,200]$ genau eine Primzahl gibt, indem es zuerst alle Primzahlen zwischen 1 und 200 berechnet und dann für jede davon testet, ob sie größer als 190 ist. Da der Primzahltest erheblich teurer ist, wäre eine Umordnung sinnvoll.

Diese Transformation ist der erste Schritt dahin: Der Body des Prädikats wird als Konjunktion in die Bedingung gezogen – anstelle des Bodys tritt eine logische Konstante. Obiges Beispiel wird also zu

$$(\exists_1 n:1..200\,|\,isPrime(n)\wedge n>190\bullet true)$$

umgeformt.

Hierauf kann nun die Transformation "Boolsche Terme in IF-Form wandeln" aus Abschnitt 3.3.3 angewendet werden, und man erhält als optimiertes Prädikat

(**if** $n > 190$ **then** $isPrime(n)$ **else** *false*).

3.3.8. Pfadprädikate zusammenfassen

Sind v und w Knoten und π_1 und π_2 Pfadbeschreibungen, so kann ein Prädikat p der Form $v \, \pi_1 \, w \vee v \, \pi_2 \, w$ in ein äquivalentes Prädikat p' der Form $v \, \pi_1 \mid \pi_2 \, w$, wobei $\mid$ die Pfadalternative ist, umgeformt werden. p' kann in der Regel schneller ausgewertet werden, da der Pfadinterpreter nur ein- statt zweimal aufgerufen werden muss.

3.4. Der Suchalgorithmus

Der GREQL1-Optimierer benutzt zur Suche nach der Transformationssequenz, die zu dem kostenminimalen Anfragegraphen führt, eine Form der Breitensuche. Das Verfahren ist in Abbildung 3.1 dargestellt.

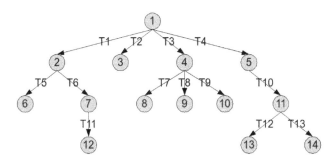

Abbildung 3.1.: Die Breitensuche nach dem bestem Auswertungsgraph

Es werden alle anwendbaren Transformationen T_i der Reihe nach auf den Graph G_1 der Originalanfrage angewendet. Für jeden resultierenden Graphen $G_i := T_i(G_1)$ werden die Auswertungskosten geschätzt, und der bislang kostenminimale Graph wird markiert. Das Verfahren terminiert, wenn keine Transformation mehr auf einen der erzeugten Graphen anwendbar ist, und die Transformationssequenz ergibt sich als Pfad von G_1 bis zum kostenminimalen Graphen.

Dieses triviale Verfahren hat das Problem, dass es nicht garantiert terminiert. So kann eine Transformationssequenz einen Graphen in einen isomorphen Graphen überführen, auf den wiederum die selben Transformationen anwendbar sind. Zudem wächst der Suchraum bei dieser Art der Suche exponentiell mit der Länge der Transformationssequenzen.

Um diese Probleme zu lösen, bedient sich der GREQL1-Optimierer zweier Techniken. Zum einen wird die Suche um einen Zustand erweitert, der angibt, welche Transformationsregeln aktiv sind. Die anwendbaren Transformationen werden nur aus diesen aktiven Transformationen bestimmt. Nach der Durchführung einer Transformation wird diese aus der Liste der aktiven Transformationen entfernt, so dass keine Transformation am gleichen Teilausdruck doppelt angewendet wird. Damit wird der Suchraum erheblich verkleinert und die Abbruchbedingung wird garantiert irgendwann erfüllt.

Zum anderen kann sowohl die Breite als auch die Tiefe der Suche mit zwei Parametern eingeschränkt werden.

Nichtsdestotrotz dauert die Optimierung an sich oft deutlich länger als die Auswertung der nicht optimierten Originalanfrage. Hier soll der GREQL2-Optimierer bessere Ergebnisse liefern.

4. Der GREQL2-Optimierer

Dieses Kapitel beschreibt den im Rahmen dieser Diplomarbeit entworfenen und implementierten Optimierer für GREQL2.

Zunächst wird ein Überblick über die Architektur des Optimieres gegeben.

Dann wird erläutert, wie bereits optimierte Syntaxgraphen wiederverwendet werden können, um so eine erneute, eventuell aufwändige Optimierung einzusparen.

Danach wird die Logging-Komponente beschrieben, die bei der Auswertung von Anfragen Daten zu Ergebnisgrößen und Selektivitäten sammelt. Diese Daten sind die Grundlage für das neue Kostenmodell, welches Gegenstand des darauf folgenden Abschnitts ist.

Anschließend werden alle Transformationen beschrieben, die den Syntaxgraphen einer gegebenen Anfrage derart umformen, dass eine effizientere Auswertung ermöglicht wird.

Zuletzt wird auf die Optimierungsstrategie des GREQL2-Optimierers eingegangen.

4.1. Die Architektur des Optimierers

Die Architektur des GREQL2-Optimierers ist in Abbildung 4.1 als UML-Klassendiagramm dargestellt.

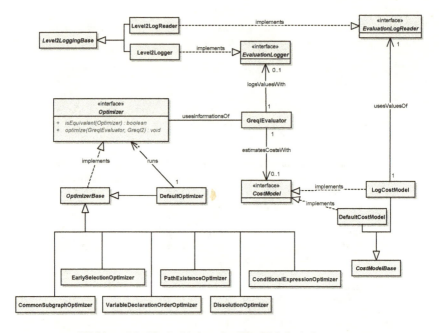

Abbildung 4.1.: Die Architektur des GREQL2-Optimierers

Der zentrale Baustein der Anfrageverarbeitung ist der `GreqlEvaluator`, der von Daniel Bildhauer in seiner Diplomarbeit ([Bil06]) entworfen und implementiert wurde. Dieser wertet eine Anfrage aus, indem er zu jedem Knoten des Syntaxgraphen einen `Vertex-Evaluator` erzeugt, der für die Auswertung dieses Knoten zuständig ist. Dazu fragt er die Ergebnisse der Auswerter der Kindknoten ab und berechnet daraus sein eigenes Ergebnis gemäß der Semantik seines zugeordneten GREQL2-Knotens.

Im Rahmen dieser Arbeit wurde er um einige Punkte erweitert.

- Bei der Auswertung der einzelnen Knoten des Syntaxgraphen werden mittels eines `EvaluationLoggers` die Kardinalitäten der Ergebnisse und die Selektivitäten geloggt. Diese Erfahrungswerte werden in XML-Dateien gespeichert und stehen so später bei anderen Auswertungen zur Verfügung. Die geloggten Durchschnittswerte können dann mit einem `EvaluationLogReader` abgefragt werden.

Die beiden Klassen `Level2Logger` und `Level2LogReader` implementieren das jeweils entsprechende Interface. Das "Level2" im Namen deutet dabei auf die Granularitätsstufe der Logging-Komponente hin.

Der `GreqlEvaluator` benutzt standardmäßig einen solchen `Level2Logger`, um Auswertungsgrößen mitzuschreiben, und das `LogCostModel` verwendet einen `Level2LogReader`, um die Durchschnittswerte abzufragen.

Die Logging-Komponente ist Thema des Abschnitts 4.3 auf Seite 55.

- Die Auswertungskosten eines Anfragegraphen oder eines Subgraphen davon, können mittels eines Kostenmodells (`CostModel`) abgeschätzt werden.

  Das `DefaultCostModel`, welches schon von Daniel Bildhauer enwickelt wurde, ist in dieser Arbeit weiter verbessert worden.

  Zudem wurde ein komplett neues Kostenmodell entworfen und implementiert. Das `LogCostModel` nutzt die durch den `EvaluationLogger` geloggten Erfahrungswerte, um genauere Vorhersagen bezüglich der Auswertungskosten eines Knotens des Anfragegraphen zu machen.

  In Abschnitt 4.4 auf Seite 61 werden die Kostenmodelle genauer beschrieben.

- Zudem kann der `GreqlEvaluator` nun bereits optimierte Syntaxgraphen speichern, so dass bei mehrfacher Auswertung der selben Anfrage auf eine wiederholte Optimierung verzichtet werden kann.

  Auf die Wiederverwendung optimierter Syntaxgraphen wird in Abschnitt 4.2 auf Seite 53 genauer eingegangen.

Der Kern des Optimierers ist das Interface `Optimizer`. Dieses wurde schon in Daniel Bildhauers Diplomarbeit ([Bil06]) definiert. Es schreibt einem Optimierer die Implementation der beiden Methoden `isEquivalent()` und `optimize()` vor.

Die Methode `isEquivalent()` erhält als Parameter einen anderen `Optimizer` und liefert `true`, wenn die Optimierung eines Syntaxgraphen durch den gegebenen Optimierer das gleiche Ergebnis liefern würde, wie die Optimierung durch den Optimierer, der Empfänger der Nachricht ist. In der Regel ist das genau dann der Fall, wenn beide `Optimizer` Instanzen derselben Klasse sind. Diese Methode wird benutzt, um zu entscheiden, ob ein bereits optimierter, gespeicherter Syntaxgraph geladen werden oder ob stattdessen eine Optimierung angestoßen werden soll.

Die Methode `optimize()` erhält Referenzen auf einen `GreqlEvaluator` und den Syntaxgraphen (`Greql2`) der zu optimierenden Anfrage. Wie der Name schon suggeriert, wird mit dieser Methode die Optimierung angestoßen, und es werden Transformationen auf dem Syntaxgraphen vorgenommen, welche den zur Auswertung benötigten Aufwand stark reduzieren sollen, jedoch unbedingt zum gleichen Ergebnis führen müssen.

Über den übergebenen `GreqlEvaluator` können zur Transformation nützliche Informationen abgefragt werden, wie z.B. die erwarteten Ergebniskardinalitäten von Ausdrücken oder die Selektivität von Prädikaten. Diese Informationen stammen aus den bereits erwähnten Kostenmodellen.

Die abstrakte Klasse `OptimizerBase` implementiert das Interface `Optimizer`. Sie dient als Basisklasse für alle konkreten Optimierer und enthält eine Reihe von Methoden, die in mehreren abgeleiteten Optimierern Verwendung finden.

Schließlich existiert zu jeder Transformation eine `Optimizer`-Klasse, die ebendiese realisiert. Auf die konkreten Klassen wird bei der Erläuterung der entsprechenden Transformationen ab Abschnitt 4.5 auf Seite 68 genauer eingegangen.

Der `DefaultOptimizer` letztendlich hat eine etwas übergeordnete Bedeutung, weshalb er in Abbildung 4.1 etwas von den anderen Optimierern abgehoben dargestellt wird. Er realisiert die Optimierungsstrategie, d.h. er instanziiert die einzelnen Transformations-`Optimizer` und ruft deren `optimize()`-Methoden auf. Er ist Thema des Abschnitts 4.12 auf Seite 153.

4.2. Wiederverwendung von optimierten Syntaxgraphen

Da die Optimierung von Anfragegraphen mitunter einen nicht unerheblichen Aufwand erzeugen kann, ist es sinnvoll, den optimierten Anfragegraphen zu einer GREQL2-Query zu speichern. Daniel Bildhauer entwickelte bereits in seiner Diplomarbeit ([Bil06]) ein Framework dazu. Der GreqlEvaluator enthält eine statische HashMap namens optimizedGraphs, die als Keys Anfragetexte benutzt und diese auf eine Liste von Syntax-GraphEntry-Instanzen abbildet. Eine Instanz von SyntaxGraphEntry enthält den optimierten Anfragegraph samt des benutzten Kostenmodells und des benutzen Optimierers.

Damit ist es möglich, eine Anfrage mit verschiedenen Optimierern, die verschiedene Kostenmodelle benutzen, zu optimieren und jeweils die resultierenden Syntaxgraphen zu speichern. So kann bei einer erneuten Anfrageausführung auf den bereits optimierten Graphen zurückgegriffen werden.

Zudem verfügt der GreqlEvaluator über Mechanismen zum synchronisierten Zugriff auf die gespeicherten SyntaxGraphEntry-Instanzen, so dass auch mehrere GreqlEvaluator-Instanzen parallel verschiedene Anfragen an bereits optimierten Syntaxgraphen durchführen können.

Die oben erläuterte HashMap optimizedGraphs wird allerdings nicht persistent gemacht, so dass nur dann ein bereits optimierter Syntaxgraph verwendet werden kann, wenn die gleiche Anfrage in dieser Laufzeit schon einmal ausgewertet wurde.

Um diesen Umstand zu beseitigen, wurde ein neuer Member

```
protected static File optimizedSyntaxGraphsDirectory;
```

zum GreqlEvaluator hinzugefügt, der ein Verzeichnis angibt, in welchem Syntax-GraphEntry-Instanzen gespeichert werden sollen bzw. aus welchem sie geladen werden können. Die geschieht mit fosgenden neuen Methoden:

```
public static synchronized void loadOptimizedSyntaxGraphs();
public static synchronized void saveOptimizedSyntaxGraphs();
```

Dabei lädt loadOptimizedSyntaxGraphs() alle im Verzeichnis optimizedSyntax-GraphsDirectory gespeicherten SyntaxGraphEntries und fügt sie optimizedGraphs hinzu. Die Methode saveOptimizedSyntaxGraphs() speichert dort alle in optimized-Graphs enthaltenen SyntaxGraphEntries.

Eine zukünftige Reengineering-Umgebung muss optimizedSyntaxGraphsDirectory mittels der entsprechenden Setter-Methode setzen, um die Wiederverwendung von optimierten Graphen zu ermöglichen.

Um eine SyntaxGraphEntry-Instanz zu speichern, wurde diese Klasse ebenfalls erweitert. Sie enthält nun zusätzlich einen Member queryText vom Typ String, der den Anfragetext enthält. Zusätzlich erhielt sie eine Methode

```
public void saveToDirectory(File directory);
```

welche diese Instanz als TG-Grahen im angegebenen Verzeichnis speichert. Der Dateiname ergibt sich als

`<queryText.hashCode()>-<CostModelClassName>-<OptimizerClassName>.tg.`

Zusätzlich wurde das GREQL2-Schema erweitert. Ein `Greql2Expression`-Knoten, welcher den Wurzelknoten einer Anfrage repräsentiert, besitzt nun die drei Attribute `queryText, optimizer` und `costModel`. `queryText` enthält den Anfragetext, und die beiden anderen Attribute enthalten den kanonischen Klassennamen des benutzten Optimierers bzw. des Kostenmodells.

`SyntaxGraphEntry` wurde zudem um einen neuen Konstruktor

```
public SyntaxGraphEntry(File fileName);
```

erweitert, der einen mit `saveToDirectory()` gespeicherten Eintrag wieder laden kann. Der Optimierer und das Kostenmodell werden dann aus den Attributen `optimizer` Und `costModel` ausgelesen und per Reflection instanziiert.

4.3. Das Logging von Auswertungsgrößen

Ein Ziel dieser Arbeit ist der Entwurf und die Implementation eines Kostenmodells, das es ermöglicht, die Kosten einer Anfrageauswertung möglichst genau vorherzusagen. Dazu sollen Erfahrungswerte, die bei vorhergegangenen Auswertungen gesammelt wurden, in die Kostenberechnung mit einbezogen werden.

Dazu erscheinen folgende Auswertungsgrößen relevant zu sein:

• die Kardinalität des Ergebnisses einer Auswertung

• die Kardinalität der Eingabeparameter eines Knotens

• die Selektivität eines Knotens, d.h. die Wahrscheinlichkeit, mit der er zu `true` ausgewertet wird

Während der Auswertung sollen diese Größen gesammelt und in wohldefinierte Dateien geschrieben werden. Bei einer Kostenabschätzung kann ein Kostenmodell dann die Werte aus diesen Logging-Dateien lesen und die erwarteten Kosten abschätzen.

4.3.1. Das Interface `EvaluationLogger`

Den Grundstein zum Logging von Auswertungsgrößen legte schon Daniel Bildhauer in seiner Diplomarbeit ([Bil06]), indem er ein Interface `EvaluationLogger` bereitstellte. Es fordert von implementierenden Klassen die Bereitstellung der folgenden Methoden.

`void logSelectivity(String name, boolean wasSelected)` loggt, dass der Knoten mit dem Namen `name` zum Wert `wasSelected` ausgewertet wurde.

`void logResultSize(String name, int resultSize)` loggt die Größe (Kardinalität) des Ergebnisses des Knotens mit dem Namen `name`.

`void logInputSize(String name, ArrayList<Integer> inputSize)` loggt die Eingabegrößen des Knotens mit dem Name `name`. Da ein Knoten eines GRE-QL2-Syntaxgraphen in der Regel mehrere Kindknoten hat, wird die Eingabegröße `inputSize` als Liste von `Integer`-Werten übergeben (jeweils ein Wert pro Kindknoten).

`double getAvgSelectivity(String name)` liefert die durchschnittliche Selektivität des Knotens mit Namen `name`. Das entspricht der Anzahl, in denen der Knoten zu `true` ausgewertet wurde, geteilt durch die Gesamtanzahl der Knotenauswertungen. Hierbei sei angemerkt, dass GREQL2 eine ternäre Logik mit den Werten `true`, `false` und `null` benutzt, jedoch beim Logging nur eine boolsche Logik verwendet wird. Der `null`-Wert zählt hier also als `false`.

`double getAvgResultSize(String name)` liefert die durchschnittliche Ergebnisgröße des Knotens mit dem Namen `name`.

`List<Double> getAvgInputSize(String name)` liefert eine Liste der durchschnittlichen Eingabegrößen des Knotens mit dem Namen `name`.

`boolean load()` lädt die Logging-Datei des Loggers und initialisiert ihn mit den gespeicherten Werten. Ihr Rückgabewert signalisiert, ob das Laden erfolgreich war.

`boolean store()` speichert die Daten des Loggers in einer XML-Datei. Analog zu `load()` zeigt der Rückgabewert den Erfolg an.

Als konkrete Klasse, die dieses Interface implementiert, stellte Daniel Bildhauer die Klasse `Level1Logger` bereit.

4.3.2. Granularitätsstufen beim Logging

Das `Level1` im `Level1Logger` bezieht sich auf die Granularität des Loggings. Bei diesem Level werden die oben aufgeführten Größen für jeden Knotentyp des GREQL2-Schemas gesammelt.

Diese Granularitätsstufe ist in den meisten Fällen zufriedenstellend, kann aber mancherorts die Loggingergebnisse verschlechtern.

Alle GREQL2-Funktionen in einer Anfrage werden im zugehörigen Syntaxgraphen als `FunctionApplication`-Knoten mit angehängtem `FunktionId`-Knoten, der den Namen der konkreten Funktion enthält, abgebildet. Ein `Level1Logger` speichert demzufolge alle Auswertungsgrößen unter dem Logging-Namen `FunctionApplication`. Mittlerweile gibt es über 80 GREQL2-Funktionen, die sich hinsichtlich Parameteranzahl und Rückgabetyp stark unterscheiden. Werden alle Funktionsanwendungen unter dem Namen `FunctionApplication` geloggt, so verwässern die Ergebnisse erheblich. Beispielsweise wird die geringe Selektivität einer Anwendung der Gleichheitsfunktion `equal` durch die viel höhere Selektivität der Kleinergleichfunktion `leEqual` aufgehoben. Gleiches gilt für die Ergebniskardinalitäten: Prädikatfunktionen und arithmetische Funktionen liefern immer genau einen Wert, während Mengenfunktionen wie `union` beliebig viele Elemente liefern können.

Der neue `Level2Logger` erreicht eine feinere Granularität, indem in `VertexEvaluator` eine neue Methode `getLoggingName()` eingefügt wurde, welche den Namen des Typs des zu diesem Auswerter gehörenden Knotens des GREQL2-Syntaxgraphen zurückgibt. Es gibt zwei Subklassen, die diese Methode überschreiben.

Die Implementation der Methode `getLoggingName()` in `FunctionApplicationEvaluator` liefert nicht den Namen des Knotentyps (also `FunctionApplication`), sondern den tatsächlichen Funktionsnamen, wie zum Beispiel `isPrime` oder `plus`.

Die andere Klasse, die `getLoggingName()` überschreibt, ist `TypeIdEvaluator`. Die Selektivität von `TypeIds` ist etwas anders als die Selektivität von Knoten, die einen Wahrheitswert liefern, definiert. `TypeIds` werden bei `VertexSetExpressions`, `VertexSubgraphExpressions`, `EdgeSubgraphExpressions` und `EdgeSetExpressions` benutzt, um die betrachteten Knoten bzw. Kanten des Datengraphen einzuschränken (vgl. [Mar06], S. 48f und S. 53). Die Selektivität gibt dabei an, mit welcher Wahrscheinlichkeit ein beliebiger Datengraphknoten in der eingeschränkten Menge enthalten ist. Das soll an einem Beispiel erläutert werden.

Beispiel 1: Der Einfachheit halber wird angenommen, dass im Schema des Datengraphen 10 verschiedene Knotentypen existieren und kein Gebrauch von Vererbung gemacht wird. Der Datengraph selbst enthalte 100 Knoten, jeweils 10 von jedem Typ. Es soll folgende Anfrage betrachtet werden:

```
1   from v1 : V{Foo},
2        v2 : V{^Foo}
3   report v1, v2
4   end
```

Die Variable `v1` wird hier an genau die Knoten des Datengraphen vom Typ `Foo` gebunden. Das sind nach obiger Festlegung genau 10 Stück, womit sich die Selektivität $\frac{10}{100} = \frac{1}{10}$ für den zugehörigen `TypId`-Knoten ergibt. An `v2` werden die Datengraphknoten gebunden, deren Typ gerade nicht `Foo` ist. Das sind hier 90 Stück – es ergibt sich also eine Selektivität von $\frac{9}{10}$.

Würde für `TypeIds` nur `TypeId` als Logging-Name verwendet, so beliefe sich die Gesamtselektivität durch Mittelwertbildung auf $\frac{5}{10}$. Es ist aber intuitiv nachvollziehbar, dass `TypeIds`, die einen speziellen Typ zulassen in der Regel eine geringere Selektivität besitzen als jene, die selbigen Typ ausschließen und alle anderen Knoten zulassen. Genauso unterscheiden sich die Selektivitäten von typspezifischen `TypeIds` von jenen von klassenspezifischen `TypeIds`.

Aus diesem Grund liefert die Methode `TypeIdEvaluator.getLoggingName()` einen `String` der Form `TypeId[-type][-excluded]`, um zwischen den vier verschiedenen Varianten zu unterscheiden und möglichst spezifisch zu loggen.

Da die Logging-Komponente in Daniel Bildhauers Arbeit noch keine Verwendung fand und daher noch nicht optimal auf die zu erwartenden Anforderungen abgestimmt war, wurde sie einem gründlichen Redesign unterzogen.

4.3.3. Logging bei paralleler Anfrageauswertung

In einer zukünftigen Reengineering-Umgebung sollen mehrere Auswerter parallel Anfragen auswerten können. Dabei kann es vorkommen, dass auch mehrere `EvaluationLogger` schreibend auf die gleiche Log-Datei zugreifen. In diesem Fall würde der Logger, der zuletzt `store()` aufruft, die Ergebnisse der anderen Logger überschreiben.

Um diesen Umstand zu beseitigen, sperren `Level2Logger` bei ihrer Initialisierung jetzt die Datei, in welcher ihre Ergebnisse gespeichert werden sollen. Ein Aufruf von `store()` gibt diese Sperre wieder frei. Als Konsequenz ergibt sich, dass ein `Level2Logger` nach einem `store()` nicht erneut seine Ergebnisse persistent machen darf, was intern sichergestellt wird.

Wenn zwei `Level2Logger` erzeugt werden, die auf die gleiche XML-Datei zugreifen wollen, so blockiert der Konstruktoraufruf den zweiten Logger so lange, bis der Erste `store()` aufgerufen hat.

Da der lesende Zugriff auf Logging-Ergebnisse nicht exklusiv sein muss, wurde das Interface `EvaluationLogger` in zwei unabhängige Interfaces zerlegt.

Der `EvaluationLogger` enthält die Methoden zum loggen von Auswertungsergebnissen (`logSelectivity()`, `logResultSize()`, `logInputSize()`), eine Methode `load()` zum Laden und eine Methode `store()` zum Schreiben der gesammelten Werte in eine Log-Datei.

Der `EvaluationLogReader` enthält die Methoden zur Abfrage der durchschnittlichen Logging-Werte (`getAvgSelectivity()`, `getAvgResultSize()`, `getAvgInputSize()`) und eine Methode `load()`, welche die bereits gesammelten Ergebnisse voriger Auswertungen lädt.

Da `load()` von jeder Klasse, die eines der beiden Interfaces implementiert (`Level2Logger` und `Level2LogReader`), bereitgestellt werden muss, wurde sie in eine gemeinsame Vaterklasse `Level2LoggingBase` implementiert. Dort finden sich auch alle Datenstrukturen und Hilfsmethoden wieder, die sowohl von Loggern als auch von Readern benutzt werden.

4.3.4. Die Wahl der Loggingdatei

Ein weiterer Aspekt des Redesigns betrifft die Angabe der Log-Dateien, in die ein Logger seine Ergebnisse schreibt bzw. aus welcher ein Reader seine Informationen bezieht. Vormals wurde der Dateiname einfach als `String` dem entsprechenden Konstruktor übergeben, so dass die zugehörige Organisationsarbeit – also die Beantwortung der Frage, welche Ergebnisse in welche Datei geschrieben bzw. aus welcher Datei sie ausgelesen werden sollen – von einer externen Komponente bereitgestellt werden musste.

Um diese Aufgabe in der Logging-Komponente selbst zu realisieren, wurde analog zur Speicherung von bereits optimierten Syntaxgraphen (siehe Abschnitt 4.2) vorgegangen. Im Konstruktor eines Loggers oder Readers wird ein Verzeichnis übergeben, in dem sich die Loggingdateien befinden. Um den konkreten Dateinamen zu berechnen, wird zusätzlich eine Konstante des neuen Aufzählungstyps `LoggingType` übergeben. Diese hat einen der folgenden Werte:

GENERIC : Die Logging-Ergebnisse werden von einer Datei `generic.log` im Basisverzeichnis gelesen bzw. in diese geschrieben.

SCHEMA : Die verwendete Logging-Datei trägt den Namen des Schemas des Datengraphen mit der Erweiterung `log`.

GRAPH : Die Logging-Datei hat einen Namen der Form `<schemaName>-<graphID>.log`.

Damit kann das Sammeln der bei der Auswertung von Anfragen anfallenden Größen und Selektivitäten sehr spezifisch, d.h. sogar nur auf den aktuellen Datengraphen bezogen, oder weniger spezifisch nur auf das Schema bezogen, erfolgen. Falls eine Anfrage ganz ohne Datengraph auskommt, kann für diesen Fall der generische `LoggingType` genutzt werden. Da jedoch anzunehmen ist, dass Anfragen bezüglich eines Datengraphen oder zumindest bezüglich eines bestimmten Schemas Ähnlichkeiten in den zu erwarteten Größen aufweisen, kann eine Kostenschätzung, die auf möglichst spezifischen Daten beruht, unter Umständen bessere Resultate erzielen.

4.3.5. Das Logging der Auswertungsgrößen der einzelnen Syntaxgraphknoten

Das eigentliche Logging der Auswertungsgrößen erfolgt in der Methode getResult() von VertexEvaluator, der Vaterklasse aller Knotenauswerter. Diese liefert das Auswertungsergebnis des jeweiligen Knotens als JValue und wird von keiner der Subklassen überschrieben.

Handelt es sich beim Auswertungsergebnis um einen boolschen Wert, wird logSelectivity() mit dem Logging-Namen des aktuellen Auswerters und dem Wert aufgerufen.

Ist das Auswertungsergebnis eine JValueTypeCollection, so handelt es sich um das Resultat eines TypeIdEvaluators. Die Selektivität des TypeId-Knotens wird wie folgt geloggt. Ist sein Vaterknoten eine Instanz der Klasse VertexSetExpression oder VertexSubgraphExpression, wird für jede im Schema des Datengraphen bekannte Knotenklasse geloggt, ob diese akzeptiert wird. Ist der Vaterknoten hingegen eine Instanz von EdgeSetExpression oder EdgeSubgraphExpression, wird für jede im Datengraphschema bekannte Kantenklasse geloggt, ob sie durch diese TypeId akzeptiert wird.

Die Kardinalitäten der Ergebnisse der einzelnen Auswerter werden ebenfalls zentral in VertexEvaluator.getResult() geloggt. Ist das Ergebnis einer Knotenauswertung eine JValueCollection (darunter fallen Mengen, Multimengen, Listen, Tupel und Records), so wird die Anzahl der darin befindlichen Elemente geloggt. Ansonsten beträgt die Kardinalität eins.

Allerdings gibt es hierbei Ausnahmen: Ein SimpleDeclarationEvaluator liefert als Auswertungsergebnis eine JValueList, die für jede deklarierte Variable ein VariableDeclaration-Objekt enthält. Normalerweise würde also die Anzahl der Variablen als Ergebnis einer SimpleDeclaration geloggt. Da aber die Anzahl der resultierenden Wertekombinationen viel interessanter ist, wird stattdessen diese geloggt.

Beispiel 2: Bei der SimpleDeclaration x, y, z : list(1..10) wird als Kardinalität des Auswertungsergebnisses nicht die Anzahl der deklarierten Variablen (= 3), geloggt, sondern die Anzahl der verschiedenen Wertekombinationen (= 1000).

Ähnlich verhält es sich mit den Ergebnissen von Declarations. Deren Auswertung resultiert in einem in ein JValue gekapselten DeclarationLayer-Objekt, welches in darüberliegenden Knoten zur Iteration über alle Variablenbelegungen genutzt wird. Da auch hier die Anzahl der möglichen Wertekombinationen aller deklarierten Variablen als Ergebniskardinalität richtig erscheint, wird diese direkt in der Iterationsmethode von VariableDeclarationLayer berechnet und geloggt.

Beispiel 3: Mit dieser Methode wird für die `Declaration` `x : list(1..5)`, `y`, `z : list(1..10) with` y < 6 *and* z < 6 die Ergebniskardinalität 125 geloggt, die intuitiv richtig erscheint.

Eine letzte Ausnahme sind Knoten vom Typ `PathDescription`. Deren Auswertung liefert einen nichtdeterministischen endlichen Automaten (NFA). Diese NFAs werden von darüberliegenden `PathDescription`-Knoten zu größeren endlichen Automaten kombiniert, und erst im darüberliegenden `ForwardVertexSet`-, `BackwardVertexSet`- oder `PathExistence`-Knoten wird der NFA in einen deterministischen endlichen Automaten (DFA) umgewandelt und dieser zur Auswertung benutzt (vgl. [Bil06], S. 91ff). Genau an dieser Stelle erfasst der Logger die Anzahl der Zustände des DFA und verwendet sie als Kardinalität für `PathDescription`-Knoten.

Zuletzt ist noch anzumerken, dass keine Inputgrößen zu den Knoten des GREQL2-Syntaxgraphen geloggt werden. Die Kardinalität des Inputs eines Knotens lässt sich nämlich aus den Ergebniskardinalitäten seiner Kindknoten bestimmen.

4.3.6. Zusammenfassung

Zum Schluss werden noch einmal die wichtigsten Aspekte der Logging-Komponente zusammengefasst.

Im allgemeinen wird als Logging-Name eines Knotens des GREQL2-Syntaxgraphen dessen Typ benutzt. Es gibt jedoch zwei Ausnahmen: `FunctionApplications` verwenden als Logging-Namen den konkreten Funktionsnamen, der im Syntaxgraph im angehängten `FunctionId`-Knoten angegeben ist, und `TypeId`-Knoten benutzen eine Zeichenkette der Form `TypeId[-type][-excluded]`.

Für alle Knoten, deren Auswertung in einem `JValueBoolean` resultiert, wird die Selektivität geloggt. Ist das Auswertungsergebnis eine `JValueTypeCollection`, handelt es sich um einen `TypeId`-Knoten, dessen Selektivität ebenfalls geloggt wird. Die Selektivität wird ebenfalls für alle `FunctionApplications` geloggt, ganz gleich, ob die zugehörige Funktion ein Prädikat ist oder nicht. Die im Interface `Greql2Function` deklarierte Methode `double getSelectivity()` muss daher in allen implementierenden Klassen, welche Nicht-Prädikat-Funktionen implementieren, den Wert 1 zurückgeben.

Für alle Knoten des Syntaxgraphen, deren Auswertungsergebnis eine `JValueCollection` ist, wird die Anzahl der darin befindlichen Elemente als Ergebniskardinalität geloggt.

Da die Ergebnisse von `SimpleDeclaration`- und `Declaration`-Knoten Instanzen von Hilfsklassen zur Iteration über die möglichen Wertebelegungen sind und daher die Kardinalitäten nicht dem intuitivem Verständnis entsprechen, wird für diese Knoten direkt in den Iterationsmethoden der Hilfsklassen die Kardinalität geloggt. Diese ist die Anzahl der möglichen Wertebelegungen der deklarierten Variablen.

Alle anderen Knoten haben die Ergebniskardinalität eins.

4.4. Ein Kostenmodell basierend auf Erfahrungswerten

Die durch die im vorangegangenen Abschnitt beschriebene Logging-Komponente gesammelten Erfahrungswerte sind Basis für ein neues Kostenmodell `LogCostModel`, welches die Kosten der Auswertung einer GREQL2-Anfrage, gegeben als Syntaxgraph, möglichst genau abschätzen soll.

4.4.1. Das Interface `CostModel`

Wie auch bei der Logging-Komponente leistete Daniel Bildhauer auch in diesem Fall Vorarbeit, indem er ein Interface `CostModel` definierte (vgl. [Bil06], S. 52ff). Dieses schreibt implementierenden Klassen die Definition folgender Methoden vor:

`int calculateCardinalityT(TVertexEvaluator, GraphSize):` Eine Methode dieser Form existiert für jeden Typ `T` der Knotentypen des GREQL2-Schemas mit Ausnahme von `PathDescription` und seiner Unterklassen.

Sie erhält den zur Auswertung dieses Knotens zuständigen `VertexEvaluator` und ein `GraphSize`-Objekt, welches die Größe des Datengraphen abstrahiert. Das ist erforderlich, da eine Kostenschätzung auch ohne konkreten Datengraphen möglich sein soll.

Die Methode liefert eine Ganzzahl, welche die geschätzte Anzahl der Elemente des Resultats der Knotenauswertung angibt.

`VertexCosts calculateCostsT(TVertexEvaluator, GraphSize):` Eine solche Methode existiert für jeden Typ `T` der Knotentypen des GREQL2-Schemas. Die Parameter sind identisch mit denen der oben genannten Methode.

Als Resultat wird ein `VertexCosts`-Objekt geliefert. Dieses ist ein 3-Tupel bestehend aus folgenden Elementen:

`ownEvaluationCosts:` Ein `int`-Wert, der die Kosten einer einmaligen Knotenauswertung angibt.

`iteratedEvaluationCosts:` Ein `int`-Wert, der die Kosten aller benötigten Knotenauswertungen angibt.

`subtreeEvaluationCosts:` Ein `int`-Wert, der die Kosten allen benötigten Knotenauswertungen samt der Kosten der Auswertung der Kindknoten angibt.

Der Zusammenhang soll an einem Beispiel verdeutlicht werden.

Beispiel 4: Gegeben sei folgende Anfrage:

```
1  from x : list(1..10)
2  reportSet x+x
3  end
```

Es sollen die Kosten der Funktionsanwendung (`FunctionApplication`) "+" (plus) betrachtet werden. Die eigenen Kosten (`ownEvaluation-Costs`) sind konstant und in der Klasse, welche die Funktion implementiert, angegeben. Die `iteratedEvaluationCosts` betragen in diesem Fall das Zehnfache der eigenen Auswertungskosten, denn die Variable x ändert zehn mal ihren Wert und erzwingt dadurch jeweils eine Neuauswertung. Bei den `subtreeEvaluationCosts` kommen schließlich noch die Kosten des Auslesens der Variable x hinzu.

`double calculateSelectivityT(TEvaluator, GraphSize)`: Methoden dieser Form existieren für Knoten vom Typ `FunctionApplication`, `PathExistence` und `Type-Id`. Sie sollen einen `double`-Wert liefern, der die Selektivität des Knotens angibt, also die Wahrscheinlichkeit, mit welcher der Knoten zu `true` ausgewertet wird.

`GraphSize calculateTSubgraphSize(TSubgraphExpressionEvaluator, GraphSize)` Methoden dieser Form existieren für `T = Vertex` und `T = Edge`. Sie liefern ein neues `GraphSize`-Objekt, das die Größe des Graphen resultierend aus der jeweiligen `SubgraphExpression` abschätzt. Das soll an einem Beispiel verdeutlicht werden.

Beispiel 5: Gegeben sei folgende Anfrage bezüglich des `RoadMap`-Schemas (vgl. Abb. 2.1 auf Seite 20) und der Datengraphinstanz aus Abbildung 2.3 auf Seite 23.

```
1   from j1, j2 : V{Junction}
2   in eSubgraph{Highway}
3   with j1 (--> | <--) j2
4   reportSet j1, j2
5   end
```

Die `EdgeSubgraphExpression` in Zeile 2 schränkt den zur Auswertung benutzten Datengraphen auf Kanten des Typs `Highway` ein, womit auch alle Knoten, die mit keiner solchen Kante inzident sind, unberücksichtigt bleiben.

Sie berechnet alle Städte und Kreuzungen, die direkt mit einer Autobahn verbunden sind. Gemäß Abbildung 2.3 sind das die Knotenpaare Koblenz und Dernbacher Dreieck bzw. Dernbacher Dreieck und Montabaur.

Die selbe Abbildung lässt erkennen, dass durch die `EdgeSubgraphExpression` die Graphgröße von ehemals sieben Knoten und sieben Kanten auf drei Knoten und zwei Kanten reduziert wird.

`int calculateVariableAssignments(VariableEvaluator, GraphSize)`: Diese Methode schätzt ab, an wie viele verschiedene Werte die `Variable`, deren `VariableEvaluator` hier übergeben wird, gebunden werden kann. Sie dient damit maßgeblich zur Berechnung der iterierten Auswertungskosten der Knoten des Syntaxgraph.

`boolean isEquivalent(CostModel costModel)`: Der Rückgabewert dieser Methode gibt an, ob das übergebene Kostenmodell und das Kostenmodell, welches Empfänger der Nachricht ist, äquivalent sind, d.h. ob sie identische Resultate liefern. In der Regel sind zwei Kostenmodelle äquivalent, wenn sie Instanzen der selben Klasse sind.

4.4.2. Die konkreten Kostenmodelle

Daniel Bildhauer implementierte ebenfalls schon ein einfaches Kostenmodell (`Default-CostModel`), welches aus der Kenntnis der Auswertungsstrategie Abschätzungen erlaubt. Dieses wurde im Rahmen der vorliegenden Diplomarbeit erweitert und verbessert.

Zusätzlich wurde ein neues Kostenmodell `LogCostModel` von `DefaultCostModel` abgeleitet, welches dessen Methoden immer dann überschreibt, wenn durch Einbeziehung von geloggten Erfahrungswerten eine genauere Abschätzung ermöglicht wird. Um auf diese Durchschnittswerte zugreifen zu können, wird diesem Kostenmodell ein `Evaluation-LogReader` im Konstruktor übergeben.

Zudem wurden alle Konstanten, die für alle zukünftigen Kostenmodelle gleich sein sollen, in eine abstrakte Basisklasse `CostModelBase` ausgelagert.

Im Folgenden werden die Methoden des neuen `LogCostModels` beschrieben, bzw. jene des `DefaultCostModels`, falls die jeweilige Methode nicht überschrieben wird.

4.4.2.1. Die Abschätzung der Ergebniskardinalität

Alle vom Interface `CostModel` vorgeschriebenen Methoden der Form

```
int calculateCardinalityT(TVertexEvaluator, GraphSize)
```

sind im `LogCostModel` implementiert, da sie direkt die geloggten Ergebnisgrößen benutzen können. Diese werden jedoch mit den Schätzgrößen, welche durch das `Default-CostModel` berechnet werden, skaliert.

Dazu wird dem `LogCostModel` im Konstruktor ein `float logScalingFactor` übergeben. Dessen Wert soll zwischen 0 und 1 liegen. Er gibt an, wie hoch das Gewicht der Erfahrungswerte bei der Skalierung ist. Die geschätzte Ergebniskardinalität berechnet sich nämlich als

$$estimatedCard = logScalingFactor \cdot loggedAvgCard$$
$$+ (1 - logScalingFactor) \cdot defaultCostModelCard.$$

Ist der Wert von `logScalingFactor` gleich 1, wird nur der Durchschnitt der geloggten Größen als geschätzte Kardinalität des Ergebnisses der Knotenauswertung verwendet. Ist er hingegen gleich 0, so werden ausschließlich die Schätzgrößen der `DefaultCostModel`-Methoden verwendet.

4.4.2.2. Die Abschätzung der Auswertungskosten

Die Kosten der Auswertung eines `PathDescription`-Knotens berechnen sich wie folgt. Die eigenen Kosten (`ownEvaluationCosts`) sind durch die in `CostModelBase` definierte Konstante `defaultNfaConstructionCosts` gegeben, denn wie bereits in Abschnitt 4.3.5 auf Seite 60 erwähnt, liefert die Auswertung eines solchen Knotens einen neuen nichtdeterministischen endlichen Automaten, der die `NFA`s der Kindknoten vom Typ `PathDescription` kombiniert. Die iterierten Kosten (`iteratedEvaluationCosts`) ergeben sich durch Multiplikation der eigenen Kosten mit der Anzahl der unterschiedlichen Werte, welche die beteiligten Variablen annehmen können. Die Kosten der Auswertung des gesamten Subgraphen ergeben sich aus den iterierten Kosten zuzüglich den Kosten der Kind-`PathDescriptions`.

Die eigentliche Auswertung des entstandenen Automaten findet in einem darüberliegenden Knoten des Typs **PathExistence**, **ForwardVertexSet** oder **BackwardVertexSet** statt. Dazu wird aus dem `NFA` zuerst mittels Elimination von ε-Kanten gefolgt von einer Potenzmengen-Konstruktion (*Myhill-Konstruktion*, vgl. [Bil06], S. 100) ein deterministischer endlicher Automat (`DFA`) erzeugt. Die eigenen Kosten dieser drei Knotentypen werden mit dem Quadrat der Anzahl der Zustände des resultierenden `DFA` abgeschätzt, die wie im Abschnitt 4.3.5 auf Seite 60 beschrieben, als Ergebniskardinalität von `PathDescription`-Knoten geloggt werden. Die iterierten Kosten ergeben sich durch Multiplikation mit den möglichen Wertekombinationen der beteiligten Variablen. Die Gesamtkosten der Auswertung des Subgraphen sind die Summe aus den iterierten Kosten, den Kosten der darunterliegenden `PathDescriptions`, den Kosten des Ausdrucks, welcher den Startknoten liefert (bei `ForwardVertexSet` und `PathExistence`) und den Kosten des Ausdrucks, welcher den Zielknoten liefert (bei `BackwardVertexSet` und `PathExistence`).

Zur Bestimmung der Kosten eines Konditionalausdrucks (**ConditionalExpression**, vgl. [Mar06], S. 97), werden zunächst die Kosten der drei möglichen Fälle (`true`, `false` und `null`) und des Bedingungsausdrucks abgeschätzt. Die eigenen Kosten sind konstant, die iterierten Kosten werden wie oben berechnet. Die Kosten der Subgraphauswertung setzen sich aus den iterierten Kosten, den Kosten der Bedingungsauswertung und den durchschnittlichen Kosten der drei Fälle zusammen. Diese durchschnittlichen Kosten werden mit der Selektivität der Bedingung gewichtet, welche aus den geloggten Selektivitäten des Bedingungsknotens berechnet wird.

$$\begin{aligned} avgCosts \;\; = \;\; & trueCosts \cdot conditionSelectivity \\ & + \;\; \frac{falseCosts + nullCosts}{2} \cdot (1 - conditionSelectivity) \end{aligned}$$

Ist die Selektivität der Bedingung hoch, d.h. wurde diese in vergangenen Auswertungen überproportional oft zu `true` ausgewertet, werden die Gesamtkosten stärker durch die Kosten des `true`-Falls bestimmt. Im umgekehrten Fall tragen die Kosten des `false`- und `null`-Falls mehr zu den Auswertungskosten des Subgraphen bei.

Die eigenen Kosten einer **ListRangeConstruction** ergeben sich als das Produkt der in `CostModelBase` definierten Konstanten `addToListCosts` und der Größe des Intervalls. Falls der Start- und der Zielausdruck einfache Integer-Literale sind und somit ohne Berechnung zur Verfügung stehen, wird die exakte Intervallgröße bestimmt. Ist dies nicht möglich, so wird die durchschnittliche Intervallgröße aus den geloggten Kardinalitäten bestimmt. Schlägt auch das fehl, wird eine Intervallgröße von `CostModelBase-` `.defaultListRangeSize` angenommen. Die Kosten der Subgraphauswertung sind die Summe aus den üblichen iterierten Kosten und den Kosten der Auswertung des Start- und Zielausdrucks des Intervalls (vgl. [Mar06], S. 91f).

Alle bis jetzt besprochenen Kostenabschätzungen benutzen direkt Durchschnittswerte, die vom `EvaluationLogReader` zur Verfügung gestellt werden und sind daher in der Klasse `LogCostModel` implementiert. Die nun folgenden Kostenabschätzungen werden nicht von `LogCostModel` überschrieben sondern sind nur im `DefaultCostModel` implementiert. Bei der Verwendung eines `LogCostModels` haben die Erfahrungswerte natürlich trotzdem einen indirekten Einfluss auf die Kostenberechnung.

Die eigenen Kosten eines `Comprehension`-Knotens (**BagComprehension, SetComprehension** oder **TableComprehension**) errechnen sich aus der Multiplikation der geschätzten Kardinalität der Ergebnisdefinition (die `Expression` an der `IsComp-ResultDefOf`-Kante, vgl. [Mar06], S. 102) mit der Konstanten `addToBagCosts` bei Bag- und `TableComprehensions` bzw. `addToSetCosts` bei SetComprehensions. Als Kosten der gesamten Subgraphauswertung wird die Summe der iterierten Kosten, der Kosten der Ergebnisdefinition und der Kosten der darunterliegenden Deklaration verwendet.

Die Kosten der einfachen Wertekonstruktionen **BagConstruction, SetConstruction, ListConstruction** und **TupleConstruction** werden bestimmt durch die Anzahl der Elemente multipliziert mit einer der Konstanten `addToBagCosts`, `addToListCosts`, `addToSetCosts` und `addToTupleCosts`. Die Subgraphkosten ergeben sich als Summe der iterierten Kosten und den Kosten der Auswertung der einzelnen Elementknoten (vgl. [Mar06], S. 91).

Bei **RecordConstructions** bestimmt die Anzahl der Verbundelemente multipliziert mit der Konstanten `addToRecordCosts` die eigenen Kosten. Die Subgraphkosten errechnen sich durch Addition der üblichen iterierten Kosten und den Kosten seiner `Record-Element`-Knoten.

RecordElement-Knoten liefern wiederum als eigene Kosten einen konstanten Wert und ihre Subgraphkosten werden durch ihre iterierten Kosten zuzüglich der Kosten der Ausdrücke an den `isRecordExprOf`-Kanten bestimmt (vgl. [Mar06], S. 91).

Die eigenen Kosten eines **Declaration**-Knoten werden als Produkt der Anzahl der Wertekombinationen, die durch ihn erzeugt werden, und der Konstanten `declaration-CostsFactor` abgeschätzt. Die Subgraphkosten sind die iterierten Kosten zuzüglich der Kosten seiner `SimpleDeclarations` und seiner einschränkenden Ausdrücke, sofern solche existieren (vgl. [Mar06], S. 103).

Bei einer **SimpleDeclaration** wird ein konstanter Wert als Abschätzung für die eigenen Kosten verwendet. Die `subtreeEvaluationCosts` enthalten die iterierten Kosten zuzüglich der Kosten aller hier deklarierten Variablen und der Kosten des optionalen Typausdrucks.

Die `ownEvaluationCosts` einer **Definition** werden mit einer Konstanten abgeschätzt. Die Kosten der Subgraphauswertung schließen noch die Auswertungskosten des Ausdrucks, der den Wert der Variable bestimmt, ein (vgl. [Mar06], S. 99).

Als eigene Kosten einer **EdgeRestriction** wird der Wert der Konstanten `transitionCosts` aus `CostModelBase` genutzt. Für die Auswertungskosten des Subgraphen kommen noch jene des `TypeId`- bzw. `RoleId`-Knotens hinzu.

Die eigenen Kosten einer **EdgeSetExpression** oder **EdgeSubgraphExpression** bzw. **VertexSetExpression** oder **VertexSubgraphExpression** werden als Produkt der Anzahl der Kanten bzw. Knoten des Datengraphen und einer der vier Konstanten `edgeSetExpressionCostsFactor`, `vertexSetExpressionCostsFactor`, `edgeSubgraphExpressionCostsFactor` und `vertexSubgraphExpressionCostsFactor` abgeschätzt. Für die `subtreeEvaluationCosts` werden noch die geschätzten Auswertungskosten des `TypeId`-Knotens hinzu addiert.

Das Interface `Greql2Function` schreibt für jede Funktion die Definition einer Methode `int getEstimatedCosts(ArrayList<Integer> inElements)` vor, die anhand der Kardinalitäten der Funktionsparameter die erwarteten Kosten angibt. Bei der Kostenberechnung von **FunctionApplication**-Knoten werden zunächst die Kosten und Kardinalitäten der Parameter abgeschätzt. Die eigenen Kosten werden dann von der eben genannten Methode berechnet. Die iterierten Kosten berechnen sich wieder per Multiplikation der eigenen Kosten mit der Anzahl möglicher Wertekombinationen beteiligter Variablen. Die Auswertungskosten des gesamten Subgraphen ergeben sich als Summe der iterierten Kosten und den Kosten der Parameterberechnung (vgl. [Mar06], S. 96).

Die eigenen Kosten einer **Greql2Expression** werden als Produkt der Anzahl der von ihr eingebundenen Variablen und der Konstanten `greql2ExpressionCostsFactor` angesetzt. Die Subgraphkosten entsprechen den eigenen Kosten zuzüglich den eigentlichen Anfragekosten (vgl. [Mar06], S. 88).

Die `ownEvaluationCosts` der beiden `DefinitionExpressions` **LetExpression** und **WhereExpression** werden als das Produkt der Anzahl ihrer `Definition`-Knoten und der Konstanten `definitionExpressionCostsFactor` abgeschätzt. Die `subtreeEvaluationCosts` setzen sich aus den üblichen iterierten Kosten, den Kosten der `Definition`-Knoten und den Kosten des gebundenen Ausdrucks zusammen (vgl. [Mar06], S. 99).

Bei einer **QuantifiedExpression** werden die eigenen Auswertungskosten durch eine Konstante abgeschätzt. Die Auswertungskosten des gesamten Subgraphen ergeben sich durch Addition der üblichen iterierten Kosten, der Deklarationskosten und der Kosten der Auswertung des gebundenen Ausdrucks (vgl. [Mar06], S. 100).

Die eigenen Kosten eines eingeschränkten Ausdrucks (**RestrictedExpression**) werden ebenfalls durch eine Konstante abgeschätzt. Die Summe der iterierten Kosten, den Kosten des einschränkenden Ausdrucks und den Kosten des eingeschränkten Ausdrucks dient als Abschätzung der Auswertungskosten des gesamten Subgraphs.

Die Kosten eines **TypeId**-Knotens werden als Anzahl der im Schema des Datengraphen definierten Typen abgeschätzt. Da `TypeIds` immer Blattknoten sind und nie von einer

Variable abhängen sind hier die eigenen Kosten, die iterierten Kosten und die Subgraph-kosten gleich.

Selbiges trifft auf die Kosten von `Variable`-Knoten zu, welche immer 1 sind.

4.4.2.3. Die Abschätzung von Selektivitäten

Die Selektivität von `FunctionApplication`-Knoten wird wie folgt berechnet.

$$estimatedSelectivity = logScalingFactor \cdot loggedSelectivity$$
$$+ (1 - logScalingFactor) \cdot definedSelectivity$$

Dabei ist *definedSelectivity* das Ergebnis des Aufrufs der Methode `double getSelectivity()`, dessen Definition das Interface `Greql2Function` implementierenden Klassen vorschreibt.

Bei `PathExistence`-Knoten wird die Selektivität wie folgt abgeschätzt.

$$estimatedSelectivity = logScalingFactor \cdot loggedSelectivity$$
$$+ (1 - logScalingFactor) \cdot defaultSelectivity$$

Hier ist *defaultSelectivity* der Wert, den die Methode `calculateSelectivityPathExistence()` des `DefaultCostModel`s liefert.

Die Selektivität von `TypeId`s wird nach derselben Formel bestimmt, jedoch stammt der Wert von *defaultSelectivity* in diesem Fall vom Methodenaufruf `DefaultCostModel.calculateSelectivityTypeId()`.

4.4.2.4. Die Abschätzung von Graphgrößen und Wertekombinationen

Die Größe der Graphen, welche aus einer `SubgraphExpression` (**EdgeSubgraphExpression** und **VertexSubgraphExpression**) resultieren, wird bestimmt, indem zunächst die Selektivitäten der einschränkenden `TypeId`s miteinander multipliziert werden, um so die Gesamtselektivität zu bestimmen. Die Anzahl der Kanten des Datengraphen multipliziert mit der Gesamtselektivität ergibt die Kantenanzahl des Ergebnisgraphen. Genauso ergibt sich die geschätzte Knotenanzahl des Ergebnisgraphen als Produkt der Gesamtselektivität und der Knotenanzahl des Datengraphen.

Die Anzahl der verschiedenen Werte, die eine Variable annehmen kann, wird durch die Kardinalität des Typausdrucks der `SimpleDeclaration`, in der die Variable definiert wird, bestimmt (vgl. [Mar06], S. 103).

4.5. Die Erkennung und Verschmelzung gemeinsamer Teilgraphen

Wie bereits im Abschnitt 2.3 erwähnt, wertet der GREQL2-Auswerter einen Subgraphen nur dann aus, wenn das Ergebnis nicht schon aus einer vorangegangenen Berechnung bekannt ist. Diese Eigenschaft lässt sich zur Optimierung nutzen.

Enthält der Syntaxgraph einer Anfrage mehrere gleiche Subgraphen, können diese zu einem einzigen gemeinsamen Subgraphen verschmolzen werden, damit nicht jeder Subgraph separat ausgewertet werden muss. Stattdessen wird der verschmolzene Subgraph einmal ausgewertet und das dadurch bekannte Ergebnis bei der Auswertung der anderen darüberliegenden Knoten wiederverwendet.

Die Erkennung und Verschmelzung gemeinsamer Teilgraphen ist in der Klasse `Common-SubgraphOptimizer` implementiert. Dieser benutzt folgende rekursive Gleichheitsdefinition:

Definition 3. Seien $v_1, v_2 : Greql2Vertex$ zwei Knoten zweier Subgraphen. Dann gilt:

$$v_1 \equiv v_2 \iff type(v_1) = type(v_2) \wedge \tag{4.1}$$
$$\forall a_1 \in attributes(v_1),\, a_2 \in attributes(v_2): \tag{4.2}$$
$$name(a_1) = name(a_2) \Rightarrow value(a_1) = value(a_2) \wedge$$
$$\forall e_1 \in \Lambda^-(v_1), e_2 \in \Lambda^-(v_2): \tag{4.3}$$
$$type(e_1) = type(e_2) \wedge$$
$$alpha(e_1) \equiv alpha(e_2) \tag{4.4}$$

Zwei Knoten v_1 und v_2 sind im Sinne dieser Definition also genau dann gleich, wenn gilt:

1. v_1 hat den gleichen Typ wie v_2 (4.1).

2. v_1 und v_2 besitzen die gleichen Attribute und Attributwerte (4.2).

3. Die in v_1 einlaufenden Kanten haben die gleichen Typen und die gleiche Reihenfolge wie die in v_2 einlaufenden Kanten (4.3).

4. Die Quellknoten dieser Kanten sind wieder gleich im Sinne dieser Definition (4.4).

Im Kontext von JGRALAB sind auch Kanten attributierte Elemente. Jedoch haben alle Kanten des GREQL2-Schemas nur ein Attribut `sourcePositions`, dessen Wert eine Liste mit Angaben zum Ort der Definition im Anfragetext ist. Damit können Fehlermeldungen bei der Auswertung den Ort des vermeintlichen Fehlers angeben. Dieses Attribut hat keine Aussagekraft bei der Erkennung von gemeinsamen Subgraphen, jedoch muss es später bei der Verschmelzung von Knoten berücksichtigt werden.

Ein trivialer Ansatz zur Erkennung gemeinsamer Teilgraphen könnte nun alle Knoten des Anfragegraphen paarweise miteinander vergleichen. Im schlechtesten Fall, d.h. der Syntaxgraph enthält keine gemeinsamen Subgraphen, aber Subgraphen, deren Ungleichheit erst in den Blattknoten festgestellt werden kann, ist der Aufwand allerdings exponentiell, denn der Gleichheitstest für zwei Knoten muss in diesem Fall auch die Gleichheit der Kindknoten testen.

Der `CommonSubgraphOptimizer` benutzt einen Algorithmus zur Erkennung gemeinsamer Teilgraphen, bei dem jeder Knoten nur genau einmal betrachtet werden muss. Hierbei wird für jeden Knoten ein Hash-Wert berechnet, der den Subgraph, dessen Wurzelknoten er ist, derart beschreibt, dass gilt:

$$v_1 \equiv v_2 \Leftrightarrow hash(v_1) = hash(v_2)$$

Die Hash-Werte besitzen die in folgender EBNF angegebene Form:

Vertex	→	"{v:" *VertexType Attributes EdgesVertices* "}" | *Variable*
VertexType	→	"AlternativePathDescription" | ... | "WhereExpression"
Attributes	→	"(" { *Attribute* } ")"
Attribute	→	*AttributeName* "=" *AttributeValue* ";"
AttributeName	→	*String*
AttributeValue	→	*String*
EdgesVertices	→	{ *Edge PlainVertex* }
Edge	→	"{E:" *EdgeType* "}"
EdgeType	→	"IsAlternativePathOf" | ... | "IsVarOf"
Variable	→	*PlainVertex*
PlainVertex	→	"{v" *VertexId* "}"

Die Hash-Werte beschreiben einen Knoten durch Angabe seines Typs, seiner Attribute und Attributwerte, der in ihn einlaufenden Kanten und der Startknoten dieser Kanten.

Der Algorithmus zur Erkennung gemeinsamer Subgraphen ist im Listing 4.1 auf der nächsten Seite veranschaulicht. Er benutzt zwei `HashMaps`: `subgraphMap` bildet Hash-Werte auf Knoten ab, `reverseSubgraphMap` bildet Knoten auf Hash-Werte ab.

Wurde ein Knoten bereits betrachtet, befindet sich bereits eine Referenz auf ihn in der `reverseSubgraphMap`, und sein Hash-Wert muss nicht erneut berechnet werden (Zeilen 2-4). Dieser Fall kann auftreten, wenn ein Knoten mehrere Vaterknoten hat. Das ist bei Knoten vom Typ `Variable` oder `FunctionId` der Fall, die bereits vom GREQL2-Parser verschmolzen werden oder wenn bereits Verschmelzungen vom `CommonSubgraphOptimizer` vorgenommen wurden.

Handelt es sich beim aktuell betrachteten Knoten um einen Knoten vom Typ `Variable`, wird die Knoten-Id als Hash-Wert zurückgegeben (Zeile 5 bis 7). Das ist möglich, da Variablen immer Blattknoten sind und folglich keine einlaufenden Kanten und Kindknoten betrachtet werden müssen. Zudem werden Variablen schon vom Parser entsprechend ihrer Gültigkeitsbereiche zusammengefasst, so dass keine weitere gültige Verschmelzung möglich ist.

In den Zeilen 8 bis 13 wird der Hash-Wert des gerade betrachteten Knoten berechnet. Dieser besteht aus dem Typ des Knotens, seinen Attributen, den einlaufenden Kanten und aus den Ids seiner Kindknoten. Da der Algorithmus die Verschmelzung von gleichen Knoten bottom-up von den Blättern hin zur Wurzel durchführt, können die Startknoten

```
1   String computeHashAndProcess(vertex) {
2     if (reverseSubgraphMap.containsKey(vertex)) {
3       return "{V" + vertex.getId() + "}";
4     }
5     if (vertex instanceof Variable) {
6       return "{V" + vertex.getId() + "}";
7     }
8     hash = "{V:" + vertex.type() + computeAttributeHash(vertex);
9     forall(edge : vertex.incidences(IN)) {
10      hash += "{E:" + edge.type() + "}" +
11              computeHashAndProcess(edge.getAlpha());
12    }
13    hash += "}";
14    if (subgraphMap.containsKey(hash)) {
15      vertex2 = subgraphMap.get(hash);
16      if (vertex.getId() > vertex2.getId()) {
17        tmp = vertex; vertex = vertex2; vertex2 = tmp;
18        reverseSubgraphMap.remove(vertex2);
19      }
20      mergeVertices(vertex, vertex2);
21    }
22    subgraphMap.put(hash, vertex);
23    reverseSubgraphMap.put(vertex, hash);
24    return "{V" + vertex.getId() + "}";
25  }
```

Listing 4.1: Der Algorithmus zur Erkennung gemeinsamer Teilausdrücke

der Kanten, die in den gerade betrachteten Knoten einlaufen, mittels ihrer Id angegeben werden, denn gleiche Knoten auf dieser Ebene wurden bereits verschmolzen.

In Zeile 11 wird die Hash-Wert-Berechnung rekursiv auf die Kindknoten angewendet. Dadurch wird eine Depth-First-Traversierung des Anfragegraphen erreicht. Da GREQL2-Syntaxgraphen grundsätzlich frei von Zyklen sind, ergibt sich hier kein Terminationsproblem.

Wurde bereits ein Knoten besucht, der den gleichen Hash-Wert wie der aktuell betrachtete Knoten besitzt, werden sie miteinander verschmolzen (Zeile 20). Dabei ist darauf zu achten, dass immer der Knoten mit der kleineren Id nach der Verschmelzung weiter existiert und keine gelöschten Knoten mehr als Keys in reverseSubgraphMap enthalten sind. Das wird mit den Zeilen 16 bis 19 sichergestellt.

In den Zeilen 22 und 23 wird der Hash-Wert des aktuellen Knotens und dieser selbst bzw. der Knoten mit dem er verschmolzen wurde zu beiden HashMaps hinzugefügt. Das garantiert, dass in subgraphMap zu jedem Hash-Wert ein noch existierender Knoten enthalten ist, denn laut Spezifikation des Map-Interfaces, ersetzt ein Hinzufügen eines Objekts mit bereits existierendem Key das zuvor darunter gespeicherte Objekt.

Zuletzt wird die Knoten-Id zurückgegeben (Zeile 24).

Der Code zur Verschmelzung zweier Knoten ist in Listing 4.2 angegeben.

```
 1   void mergeVertices(lowerVertex, higherVertex) {
 2     if (lowerVertex.type() != PathDescription) {
 3       mergeSourcePositionsBelow(lowerVertex, higherVertex);
 4       forall (edge : higherVertex.getEdges(OUT)) {
 5         edge.setAlpha(lowerVertex);
 6       }
 7       higherVertex.delete();
 8     }
 9   }
10
11   void mergeSourcePositionsBelow(lowerVertex, higherVertex) {
12     forall (lowerEdge : lowerVertex.getEdges(IN);
13            higherEdge : higherVertex.getEdges(IN)) {
14       mergeSourcePositions(lowerEdge, higherEdge);
15       mergeSourcePositionsBelow(lowerEdge.getAlpha(),
16                                 higherEdge.getAlpha());
17     }
18   }
```

Listing 4.2: Der Algorithmus zur Verschmelzung gemeinsamer Teilausdrücke

Zwei Knoten werden nur dann verschmolzen, wenn sie nicht vom Typ PathDescription sind. Das liegt an der Art, wie der Auswerter Knoten dieses Typs evaluiert. Zu jedem PathDescription-Knoten, der keine Kindknoten dieses Typs besitzt, wird ein *nichtde-terministischer endlicher Automat (NFA)* erzeugt. Auf der nächsthöheren Ebene werden diese NFAs zu einem komplexeren NFA kombiniert. Dabei werden die Transitions- und Zustandsobjekte der Kind-NFAs wiederverwendet. Auf oberster Ebene wird der aus den Kind-NFAs erzeugte NFA in einen *deterministischen endlichen Automaten (DFA)* mittels **Potenzmengenkonstruktion** umgewandelt, auf dem die Pfadsuche ausgeführt wird. Damit ein Teilautomat in mehreren Automaten wiederverwendet werden könnte, müsste er kopiert werden, was länger dauert als die aktuelle Implementierung mit Wiederverwendung der Kindautomaten und keinen effektiven Nutzen bringt, da die Pfadsuche ausschließlich von der Größe des Automaten abhängt.

Um zwei Knoten zu verschmelzen, werden zuerst die Inhalte der sourcePosition-Attribute der Kanten beider Knoten verschmolzen (Zeile 3, bzw. 14). Mittels eines rekursiven Aufrufs wird diese Verschmelzung für die gesamten Subgraphen unter lowerVertex und higherVertex vorgenommen (Zeile 15).

Da die Methode mergeSourcePositions(), die in Zeile 14 aufgerufen wird, auch in anderen Optimierern Verwendung finden kann, wurde sie in der gemeinsamen Vaterklasse aller Optimierer (OptimizerBase) implementiert. Ihr Algorithmus ist in Listing 4.3 veranschaulicht.

Die Methode erhält zwei Greql2Aggregations, und fügt die SourcePositions von from jenen von to hinzu. Wie in Zeile 4 ersichtlich, wird dabei eine Duplikatbildung vermieden.

```
1   void mergeSourcePositions(from, to) {
2     toSourcePositions = to.getSourcePositions();
3     for (SourcePosition sp : from.getSourcePositions()) {
4       if (!toSourcePositions.contains(sp)) {
5         toSourcePositions.add(sp);
6       }
7     }
8   }
```

Listing 4.3: Der Algorithmus zur Verschmelzung der sourcePosition-Attribute

Die eigentliche Verschmelzung der Knoten findet in den Zeilen 4 bis 6 von Listing 4.2 statt, indem der Startknoten aller aus higherVertex auslaufenden Kanten auf lower-Vertex gesetzt wird.

Anschließend wird der Subgraph mit Wurzelknoten higherVertex gelöscht (Zeile 7).

Beispiel 6: Das Verfahren soll an folgender Anfrage erläutert werden.

```
1   from x : list(1..10),
2        y : list(1..10)
3   with isPrime(x + y)
4   reportSet x + y
5   end
```

Der GREQL2-Parser erzeugt daraus den in Abbildung 4.2 auf Seite 74 gezeigten Syntaxgraphen.

Die Optimierung wird initiiert, indem computeHashAndProcess() mit dem Wurzelknoten v22 des Graphen aufgerufen wird. Die Berechnung des Hash-Wertes des Wurzelknotens stößt rekursiv die Hash-Wert-Berechnung für seine Kindknoten an. Damit wird eine Depth-First-Traversierung des Syntaxgraphen erreicht.

Zuerst wird für den Knoten v15 der Hash-Wert

```
{V:FunctionId(name=plus;)}
```

berechnet. Danach werden für die Variablen x und y die Hash-Werte {V1} und {V6} berechnet. Dabei werden immer die entsprechenden Paare bestehend aus Hash-Wert und Knoten in die HashMaps subgraphMap und reverseSub-graphMap eingetragen.

Als nächstes wird der Hash-Wert

```
{V:FunctionApplication()
  {E:IsFunctionIdOf}{V15}
  {E:IsArgumentOf}{V1}
  {E:IsArgumentOf}{V6}}
```

für den Knoten v21 berechnet. Die Zeilenumbrüche und Einrückungen dienen nur der Veranschaulichung. In der ersten Zeile stehen die strukturellen

Informationen über den Knoten v21. In Zeile 2 bis 4 folgt eine Sequenz von Paaren aus in v21 einlaufenden Kanten und Kindknoten. Da zu diesem Zeitpunkt eventuell gleiche Kindknoten bereits verschmolzen wurden, werden diese nicht rekursiv über ihre Struktur beschrieben, sondern es wird ihre Id bzw. die Id des aus der Verschmelzung hervorgegangenen Knotens angegeben.

Die Knoten v2, v3, v4 und v5 sind die nächsten, für die ein Hash-Wert berechnet wird.

Danach wird für den Knoten v7 der Hash-Wert

```
{V:IntLiteral(intValue=1;)}
```

berechnet, und es wird erkannt, dass dieser schon als Key für den Knoten v2 in der subgraphMap vorhanden ist. Daher wird der Startknoten von e5 von v7 auf v2 gesetzt und v7 gelöscht.

Analog werden als nächstes die Knoten v8 und v3 verschmolzen.

Jetzt wird die Gleichheit von v9 und v4 erkannt. Sie entsprechen dem doppelt auftretenden Ausdruck list(1..10) im Anfragetext. Sie werden verschmolzen, indem zunächst die sourcePositions der Kanten in den darunterliegenden Teilgraphen verschmolzen werden und dann der Startknoten von e8 auf v4 gesetzt und v9 gelöscht wird.

Die weitere Reihenfolge der Hash-Wert-Berechnung ist v10, v17 gefolgt von v14. Der Knoten v14, der die Funktionsanwendung x + y repräsentiert, ist gleich dem bereits bekannten Knoten v21, so dass auch diese verschmolzen werden. Danach wird v21 gelöscht.

Zuletzt werden die Hash-Werte von v16, v11, v18 und v22 berechnet. Hierbei können jedoch keine weiteren gemeinsamen Teilgraphen mehr erkannt werden.

Der optimierte Anfragegraph, der keine redundanten Subgraphen mehr enthält, ist in Abbildung 4.3 dargestellt.

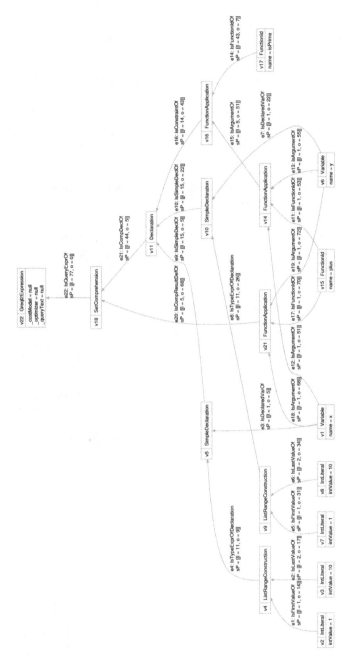

Abbildung 4.2.: Der Syntaxgraph vor der Optimierung

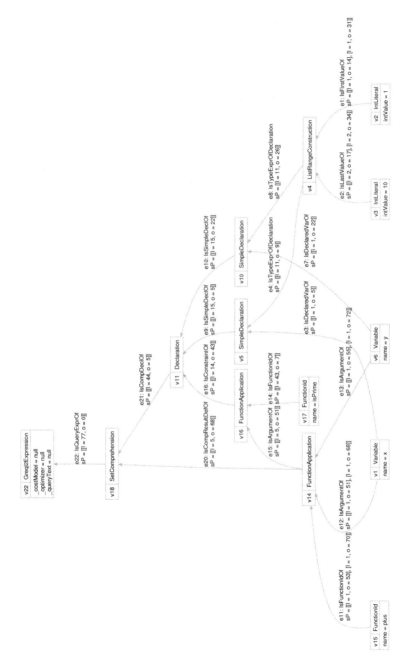

Abbildung 4.3.: Der Syntaxgraph nach der Optimierung

4.6. Das Zusammenfassen von SimpleDeclarations

Nachdem der CommonSubgraphOptimizer alle gemeinsamen Subgraphen verschmolzen hat, so lässt sich der Syntaxgraph eventuell noch etwas vereinfachen. Betrachtet man den Graph aus Abbildung 4.3, so fällt auf, dass die SimpleDeclarations v5 und v10 die gleiche Declaration (nämlich v11) als Vaterknoten haben und ihre IsTypeExpressionOf-Declaration-Kanten am gleichen Subgraph beginnen.

Da eine SimpleDeclaration beliebig viele Variablen deklarieren kann, können v5 und v10 verschmolzen werden. Dazu wird die IsDeclaredVarOf-Kante von v10 auf v5 umgebogen, die SourcePositions der Kante e10 werden in jene von e9 eingefügt und schlussendlich wird v10 gelöscht. Als Resultat erhält man den Graph aus Abbildung 4.4.

Das Zusammenfassen von SimpleDeclarations ist in der Optimiererklasse MergeSimpleDeclarationsOptimizer implementiert. In Listing 4.4 ist der dazu verwendete Algorithmus angegeben.

```
1   void findAndMergeSimpleDeclarations(syntaxgraph) {
2     Map<String, List<SimpleDeclaration>> mergableSDMap;
3     for (decl : syntaxgraph.declarations()) {
4       for (simpleDecl : decl.simpleDeclarations()) {
5         key = decl.getId() + "-" + simpleDecl.getTypeExpression.getId();
6         if (mergableSDMap.containsKey(key)) {
7           mergableSDMap.get(key).add(sDecl);
8         } else {
9           List<SimpleDeclaration> simpleDecls;
10          simpleDecls.add(sDecl);
11          mergableSDMap.put(key, simpleDecls);
12        }
13      }
14    }
15    mergeSimpleDeclarations(mergableSDMap);
16  }
```

Listing 4.4: Der Algorithmus zum Finden von verschmelzbaren SimpleDeclarations

Zunächst wird in den Zeilen 2 bis 14 des Listings 4.4 eine Map aufgebaut, deren Keys Strings der Form <declarationId>-<typeExpressionId> sind. Als Werte werden Listen von SimpleDeclarations verwendet. Dabei können jeweils die SimpleDeclarations einer Liste verschmolzen werden.

Durch die Struktur des Keys wird gewährleistet, dass nur SimpleDeclarations als verschmelzbar gelten und in der entsprechenden Liste gesammelt werden, wenn sie die gleiche Declaration als Vaterknoten haben und ihre IsTypeExpressionOfDeclaration-Kanten am gleichen Subgraph starten.

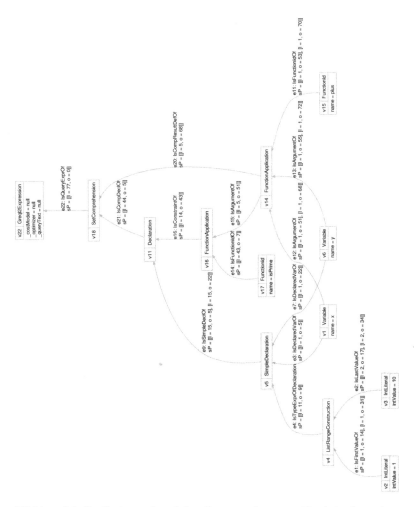

Abbildung 4.4.: Der Syntaxgraph nach dem Zusammenfassen von SimpleDeclarations

Anschließend können die gesammelten SimpleDeclarations eines jeden Keys verschmolzen werden (Zeile 15). Der Algorithmus dazu ist im Listing 4.5 auf der nächsten Seite veranschaulicht.

Die Methode mergeSimpleDeclarations() erhält die durch den Algorithmus in Listing 4.4 erzeugte Map. Jetzt wird über die Keys iteriert (Zeile 2), um dabei die SimpleDeclarations, die als Liste zum entsprechenden Key in mergableSDMap gespeichert sind, zu verschmelzen.

```
1   void mergeSimpleDeclarations(mergableSDMap) {
2     for (key : mergableSDMap.keySet()) {
3       survivor = findSimpleDeclWithLowestId(mergableSDMap.get(key));
4       for (s : mergableSDMap.get(key)) {
5         if (s == survivor) continue;
6         while (s.getFirstIsDeclaredVarOf() != null) {
7           s.getFirstIsDeclaredVarOf().setOmega(survivor);
8         }
9         mergeSourcePositions(s.getFirstIsSimpleDeclOf(),
10                             survivor.getFirstIsSimpleDeclOf());
11        mergeSourcePositions(s.getFirstIsTypeExpOfDeclaration(),
12                             survivor.getFirstIsTypeExpOfDeclaration());
13        s.delete();
14      }
15    }
16  }
```

Listing 4.5: Der Algorithmus zur Verschmelzung von SimpleDeclarations

Wie beim CommonSubgraphOptimizer soll jeweils die SimpleDeclaration mit der niedrigsten Id erhalten bleiben. Eine Referenz auf diese wird in Zeile 3 in der treffend bezeichneten Variable survivor gespeichert.

Nun wird über alle SimpleDeclarations iteriert (Zeile 4), um die Verschmelzung vorzunehmen. Dabei wird der Knoten survivor natürlich übersprungen (Zeile 5).

Zunächst werden in den Zeilen 6 bis 8 die Kanten, welche die obsolete SimpleDeclaration s mit den von ihr deklarierten Variablen verbinden, auf survivor umgelenkt.

Bevor in Zeile 13 die nun überflüssige SimpleDeclaration s gelöscht werden kann, müssen noch die Werte des sourcePosition-Attributs der Kante, welche die darüberliegende Declaration mit s verbindet, zum sourcePosition-Attribut der Kante hinzugefügt werden, die survivor mit selbiger Declaration verbindet (Zeile 9 und 10). Das gleiche gilt für die SourcePositions der IsTypeExprOfDeclaration-Kanten, welche beide SimpleDeclarations mit der darunterliegenden Expression verbinden (Zeile 11 und 12). Dazu wird die Methode mergeSourcePositions() aus der Vaterklasse aller Optimierer (OptimizerBase) verwendet. Diese wurde schon in Listing 4.3 auf Seite 72 erläutert.

Diese Transformation kann erst nach der Verschmelzung gemeinsamer Subgraphen (s. Abschnitt 4.5) angewendet werden, da die Expressions an den IsTypeExpressionOf-Declaration-Kanten zweier SimpleDeclarations nicht nur äquivalent oder gleich im Sinne der Definition 3 auf Seite 68, sondern tatsächlich identisch sein müssen.

4.7. Die Transformation "Selektion so früh wie möglich"

Die Transformation "Selektion so früh wie möglich" versucht die Constraints von `Declaration`-Knoten derart umzuformen, dass die Anzahl der Variablenwerte, über die iteriert werden muss, drastisch gesenkt wird.

4.7.1. Die Struktur der hier betrachteten Anfragen

Um die folgenden Ausführungen zu dieser Transformation besser verstehen zu können, wird zunächst die Struktur der Stelle eines Syntaxgraphen, auf der die Transformation arbeitet, kurz erläutert. Sie kann überall dort Anwendung finden, wo Variablen deklariert und mittels Prädikaten eingeschränkt werden, also bei `Declaration`-Knoten.

Gegeben sei die Anfrage aus Listing 4.6.

```
1   from a, b : list(1..10),
2        c    : list(11..20)
3   with isPrime(a) and isPrime(b) and isPrime(a + c)
4   reportBag a, b, c
5   end
```

Listing 4.6: Eine Beispielquery für die Transformation "Selektion so früh wie möglich"

Sie ist ein gewöhnlicher FWR-Ausdruck. Der `from`-Teil entspricht einer `Declaration`, die zwei `SimpleDeclarations` enthält. Die erste deklariert die beiden `Variables` a und b. Neben den durch sie deklarierten Variablen hat eine `SimpleDeclaration` noch einen Kindknoten der Klasse `Expression`, der den Wert der deklarierten Variablen bestimmt. Hier werden a und b an die Menge der Ganzzahlen im Intervall von eins bis einschließlich zehn gebunden.

Die zweite `SimpleDeclaration` deklariert nur die Variable c, welche an die Menge der ganzzahligen Werte im Intervall von 11 bis 20 gebunden wird.

Der optionale `with`-Teil entspricht der Einschränkung (Constraint) der `Declaration`. Diese ist gegeben als `Expression`-Kindknoten, welche über eine `IsConstraintOf`-Kante mit der Deklaration verbunden ist. Laut [Mar06] darf eine `Declaration` beliebig viele Einschränkungen haben, jedoch unterstützt der GREQL2-Parser bei FWR-Ausdrücken keine mehrfach vorkommenden `with`-Teile. Stattdessen werden die Prädikate im einzigen `with`-Teil mit den boolschen GREQL2-Funktionen `and`, `or` und `xor` kombiniert.

Schließlich komplettiert die `report`-Anweisung den FWR-Ausdruck. Im Syntaxgraphen wird sie durch einen `Comprehension`-Knoten repräsentiert. Dessen Kinder sind die gerade besprochene `Declaration` und eine `Expression`, welche das Resultat des FWR-Ausdrucks definiert. Im Beispiel aus Listing 4.6 ist das Resultat eine Multimenge (Bag) mit 3-Tupel-Elementen.

Der unoptimierte Syntaxgraph der Anfrage ist im Anhang B auf Seite 167 in Abbildung B.1 dargestellt.

Neben FWR-Ausdrücken erlauben auch quantifizierte Ausdrücke die Deklaration und Einschränkung von Variablen. Sei beispielsweise die Anfrage aus Listing 4.7 gegeben:

```
1   exists a, b, c : list(1..10), isPrime(a), isPrime(b), isPrime(a+b)
2   @ a > 5 and a > b and a < c * c
```

Listing 4.7: Eine weitere Beispielquery für die Transformation "Selektion so früh wie möglich"

Wie eine Comprehension hat eine QuantifiedExpression eine Declaration als Kindknoten. Diese ist analog der Deklaration eines FWR-Ausdrucks aufgebaut, allerdings können hier die Constraints, welche die Werte der in den SimpleDeclarations deklarierten Variablen einschränken, per Komma voneinander separiert werden. Dies ist semantisch äquivalent mit einer Konjunktionskette, jedoch werden die einzelnen per Komma getrennten Constraints tatsächlich im Graphen als einzelne Expressions modelliert, die mit mehreren IsConstraintOf-Kanten mit der Declaration verbunden sind.

Dem @ schließt sich die von der QuantifiedExpression gebundene Expression an, die die Prädikate enthält, auf welche die deklarierten Elemente überprüft werden sollen. Im Graphen ist diese Expression mit einer IsBoundExpressionOf-Kante mit der QuantifiedExpression verbunden.

Letztlich hat ein quantifizierter Ausdruck noch einen Kindknoten vom Typ Quantifier, der bestimmt, wie die Überprüfung des gebundenen Ausdrucks vonstatten geht. Bei forall müssen *alle* Elemente der deklarierten Menge die Prädikate des gebundenen Ausdrucks erfüllen, um den Wahrheitswert true zu liefern, bei exists muss das *mindestens* ein Element tun. Bei exists! schlussendlich muss *genau* ein Element den gebundenen Ausdruck erfüllen.

Der Syntaxgraph der Anfrage aus Listing 4.7 ist ebenfalls im Anhang B auf Seite 168 in Abbildung B.2 angegeben.

4.7.2. Die Auswertung der betrachteten Anfragen

Nachdem die Struktur des Graphen besprochen wurde, wird jetzt das Augenmerk auf dessen Auswertung gelegt.

In der Anfrage aus Listing 4.6 werden drei Variablen deklariert, welche jeweils zehn verschiedene Werte annehmen können. Daher muss der with-Teil der Anfrage $10^3 = 1000$ mal getestet werden.

Da der GREQL2-Auswerter einen Ausdruck nur dann neu auswertet, wenn sich der Wert einer Variable bzw. eines Kindausdrucks gegenüber der letzten Auswertung verändert hat, kommt man zu folgenden Häufigkeiten: Die Funktionsauswertung a + c muss jedes mal neu berechnet werden, da sich der Wert von c in jedem Iterationsschritt ändert. Folglich müssen auch alle Funktionsanwendungen, welche das Ergebnis von a + c benutzen, neu berechnet werden. Das sind `isPrime(a + c)` und die Funktionsanwendung, die dem rechten `and` entspricht.

Da die Variable b nur alle zehn Schritte ihren Wert verändert, müssen `isPrime(b)` und folglich das linke `and` nur 100 mal neu berechnet werden.

Die Variable a ändert ihren Wert schließlich nur in jedem hundertsten Iterationsschritt, so dass `isPrime(a)` nur zehn mal berechnet werden muss.

Die Auswertungskosten der Anfrage werden maßgeblich durch die Anzahl der durchzuführenden Iterationen bestimmt. Intuitiv ist sofort klar, dass die Anfragekosten drastisch abnehmen würden, falls die Variablen a und b direkt nur über Primzahlen zwischen eins und zehn iterierten, statt diese Einschränkung erst im `with`-Teil zu überprüfen. Diese Erkenntnis ließe sich beispielsweise durch folgende Neuformulierung realisieren:

```
1  from a : from a : list(1..10) with isPrime(a) reportSet a end,
2       b : from b : list(1..10) with isPrime(b) reportSet b end
3       c : list(11..20)
4  with isPrime(a + c)
5  report a, b, c
6  end
```

Die beiden Prädikate `isPrime(a)` und `isPrime(b)` wurden vorgezogen. Dazu wurde die `SimpleDeclaration`, in welcher a und b deklariert werden, in zwei separate `SimpleDeclarations` aufgespalten. An jede davon wurde eine neue `SetComprehension` angefügt, welche die Menge der Werte für a und b schon hier auf Primzahlen im Intervall von eins bis zehn beschränkt.

Diese Idee des Vorziehens von Prädikaten zwecks früher Selektion und somit Reduzierung der benötigten Iterationen wird vom `EarlySelectionOptimizer` aufgegriffen. Dieser arbeitet iterativ. Jede Iteration umfasst zwei Schritte:

1. Finde alle Prädikate, die verschoben werden können und ordne sie der `SimpleDeclaration` zu, die alle vom Prädikat benötigten lokalen Variablen deklariert.

2. Iteriere über alle in Schritt 1 gefundenen `SimpleDeclarations` und transformiere den Graph mit einer der drei im Abschnitt 4.7.4 beschriebenen Transformationen.

Falls in einer Iteration noch vorziehbare Prädikate gefunden wurden und daher eine Transformation durchgeführt wurde, schließt sich eine erneute Iteration an. Konnte hingegen keine Transformation mehr durchgeführt werden, so wird die Optimierung durch den `EarlySelectionOptimizer` abgebrochen.

Im Folgenden wird nun auf beide Iterationsschritte separat eingegangen.

4.7.3. Das Finden von vorziehbaren Prädikaten

Das Suchen und Sammeln von vorziehbaren Prädikaten wird durch die Methode

```
HashMap<SimpleDeclaration, Set<Expression>>
    collectMovableExpressions(Expression exp)
```

realisiert, die für jede `Expression`, welche Constraint einer `Declaration` ist, aufgerufen wird. Sie liefert eine `HashMap`, die `SimpleDeclarations` auf die `Expressions` abbildet, die in sie hineingezogen werden können. Nachdem alle `Declarations` samt ihrer Constraints iteriert wurden, enthält die `HashMap movableExps` alle `SimpleDeclarations` aller `Declarations`, in welche Prädikate vorgezogen werden können, samt eben jener Prädikate.

Ihr Algorithmus von `collectMovableExpressions()` ist als gekürzter Java-Code im Listing 4.8 angegeben.

```
1   HashMap<SD, <E>> collectMovableExpressions(Expression exp) {
2     movableExps = new HashMap<SimpleDeclaration, Set<Expression>>();
3
4     if (exp instanceof FunctionApplication
5         && isAnd((FunctionApplication) exp)) {
6       funApp = (FunctionApplication) exp;
7       for (Expression arg : funApp.getArgumentExpressions()) {
8         subMovableExps = collectMovableExpressions(arg);
9         for (SimpleDeclaration subSD : subMovableExps.keySet()) {
10          if (movableExps.containsKey(subSD)) {
11            movableExps.get(subSD).addAll(subMovableExps.get(subSD));
12          } else {
13            movableExps.put(subSD, subMovableExps.get(subSD));
14          }
15        }
16      }
17      return movableExps;
18    }
19
20    sd = findSimpleDeclarationThatDeclaresAllNeededLocalVariables(exp);
21    if (sd != null) {
22      parentDecl = getParentDeclarationOf(sd);
23      if (collectSimpleDeclarationsOf(parentDecl).size() > 1
24          || collectVariablesDeclaredBy(sd).size() > 1) {
25        if (movableExps.containsKey(sd)) {
26          movableExps.get(sd).add(exp);
27        } else {
28          HashSet<Expression> predicates = new HashSet<Expression>();
29          predicates.add(exp);
30          movableExps.put(sd, predicates);
31        }
32      }
33    }
34    return movableExps;
35  }
```

Listing 4.8: Die Methode zum Suchen und Sammeln von vorziehbaren Prädikaten

Handelt es sich bei der gegebenen `Expression` exp um eine Funktionsanwendung der and-Funktion, wird die Suche rekursiv auf ihre beiden Argumente angewendet und ihre Ergebnisse vereinigt (Zeile 4 bis 18). Dadurch wird eine als Konjunktionskette vorliegende Constraint-`Expression` in ihre einzelnen Konjunkte zerlegt, welche dann separat betrachtet werden können.

Für sonstige Expressions wird zunächst diejenige SimpleDeclaration gesucht, welche alle lokalen Variablen deklariert, die von dem Prädikat exp benötigt werden (Zeile 20). Eine Variable ist lokal, wenn sie in einer SimpleDeclaration der direkt über der betrachteten Expression exp liegenden Declaration deklariert wurde.

Als Beispiel soll die Anfrage aus folgendem Listing betrachtet werden.

```
1   from a : list(1..10)
2   reportSet from b : list(20..30),
3                  c : list(15..30)
4             with isPrime(a+b) and isPrime(c)
5             reportSet a, b
6             end
7   end
```

Das Prädikat isPrime(a+b) benötigt die beiden Variablen a und b. Allerdings ist von diesen beiden nur b lokal, denn a ist in einem äußeren Gültigkeitsbereich deklariert. Im Graphen drückt sich dieser Umstand dadurch aus, dass die SetComprehension der Declaration, innerhalb welcher a deklariert wird, oberhalb der inneren SetComprehension liegt, deren Declaration die Variable b deklariert. Aus diesem Grund kann das Prädikat isPrime(a+b) in die SimpleDeclaration, welche b deklariert, vorgezogen werden, denn alle benötigten lokalen Variablen werden dort deklariert. Eine Optimierung könnte diese Anfrage deshalb in Folgende umformen.

```
1    from a : list(1..10)
2    reportSet from b : from b' : list(20..30)
3                       with isPrime(a+b')
4                       reportSet b'
5                       end,
6                  c : list(15..30)
7             with isPrime(c)
8             reportSet a, b
9             end
10   end
```

Zurückkommend zum Code von Listing 4.8: Existiert eine SimpleDeclaration, die alle vom Prädikat exp benötigten lokalen Variablen deklariert und ist sie nicht die einzige SimpleDeclaration innerhalb ihrer Declaration bzw. deklariert sie mehrere Variablen, so wird die aktuelle Expression exp dem Mapping für jene SimpleDeclaration hinzugefügt (Zeile 21 bis 33).

4.7.4. Die Transformationen für die frühe Selektion

Nachdem, wie in Abschnitt 4.7.3 beschrieben, die vorziehbaren Expressions gesucht, gesammelt und den SimpleDeclarations zugeordnet wurden, in welche sie vorgezogen werden können, wird für jedes SimpleDeclaration-Set<Expression>-Mapping überprüft, welche von drei möglichen Teiltransformationen auf sie angewendet werden kann.

Der `EarlySelectionOptimizer` unterscheidet drei verschiedene Transformationen, auf welche gleich in Unterabschnitten noch genauer eingegangen wird. Dem vorgreifend seien sie hier kurz umrissen:

1. Eine `SimpleDeclaration`, die mehrere Variablen deklariert, kann gesplittet werden, so dass eine zusätzliche `SimpleDeclaration` erzeugt wird, die eine Teilmenge der Variablen der ursprünglichen `SimpleDeclaration` deklariert.

2. Eine Menge von Prädikat-`Expressions` kann in eine `SimpleDeclaration` vorgezogen werden, welche genau eine Variable deklariert. Folglich dürfen alle Prädikate nur diese eine lokale Variable benötigen, zuzüglich zu Variablen aus äußeren Gültigkeitsbereichen.

3. Eine Menge von Prädikat-`Expressions` kann in eine `SimpleDeclaration` vorgezogen werden, die mehrere Variablen deklariert. Analog dürfen hier die Prädikate nur die lokalen Variablen jener `SimpleDeclaration` benutzen, in welche sie vorgezogen werden, zuzüglich Variablen aus äußeren Gültigkeitsbereichen.

Der Algorithmus aus Listing 4.8 des vorangegangenen Abschnitts 4.7.3 stellt sicher, dass für jedes `SimpleDeclaration-Set<Expression>`-Mapping die Gültigkeit der Variablen sichergestellt ist.

Welche der drei Transformationen auf ein solches Mapping anzuwenden ist, wird durch den Java-Code in Listing 4.9 bestimmt.

Es wird über alle `SimpleDeclarations` iteriert, in welche Prädikate hineingezogen werden können.

In den Zeilen 7 bis 17 wird für alle der aktuell betrachteten `SimpleDeclaration` sd zugeordneten Prädikate überprüft, ob sich darunter eines befindet, welches nur eine Teilmenge der von sd deklarierten Variablen benötigt, und eines, welches alle von sd deklarierten Variablen benötigt. Für den ersten Fall wird sich die größte Teilmenge der benötigten Variablen aller Prädikate gemerkt.

Ab Zeile 20 folgt der Teil, der letztendlich die Entscheidung über die durchzuführende Transformation trifft. Wurde für die aktuelle `SimpleDeclaration` ein Prädikat gefunden, welches nur eine Teilmenge der von sd deklarierten Variablen benutzt, so kann es sinnvoll sein, diese zu splitten, so dass in einer weiteren Iteration jenes Prädikat in sie hinein gezogen werden kann. Diese Transformation ist aber nur dann günstig, wenn kein Prädikat, das alle Variablen benötigt, gefunden wurde oder wenn sd die einzige `SimpleDeclaration` ihrer `Declaration` ist. Wurde hingegen ein Prädikat gefunden, das alle Variablen benutzt, die sd deklariert (und sind das mehr als eine), so ist zunächst die dritte Transformation aus obiger Auflistung anzuwenden.

Kommt es zu einem Split, wird die in Zeile 12 gesetzte Menge von Variablen einer neuen `SimpleDeclaration` zugewiesen.

Wird hingegen kein Split durchgeführt, so werden die Prädikat-`Expressions` von sd in diese hinein gezogen, wobei unterschieden wird, ob sd eine oder mehrere Variablen deklariert.

Im Folgenden werden nun die drei Transformationen genauer beschrieben.

4!

```
 1  for (SimpleDeclaration sd : movableExpressions.keySet()) {
 2      Declaration parentDecl = getParentDeclarationOf(sd);
 3      Set<Variable> varsDeclaredBySd = collectVariablesDeclaredBy(sd);
 4      boolean foundPredicateNeedingAllVars = false,
 5              foundPredNeedingPartOfVars  = false;
 6      Set<Variable> varsMaybeToSplitOut = new HashSet<Variable>();
 7      for (Expression pred : movableExpressions.get(sd)) {
 8          Set<Variable> neededLocalVars = collectNeededLocalVariables(pred);
 9          if (neededLocalVars.size() < varsDeclaredBySd.size()) {
10              foundPredNeedingPartOfVars = true;
11              if (varsMaybeToSplitOut.size() < neededLocalVars.size()) {
12                  varsMaybeToSplitOut = neededLocalVars;
13              }
14          } else {
15              foundPredicateNeedingAllVars = true;
16          }
17      }
18      List<SimpleDeclaration> sdsOfParentDecl
19          = collectSimpleDeclarationsOf(parentDecl);
20      if (foundPredNeedingPartOfVars
21          && (!foundPredicateNeedingAllVars
22          || sdsOfParentDecl.size() == 1)) {
23          splitSimpleDeclaration(sd, varsMaybeToSplitOut);          // Punkt 1.
24      } else {
25      if (varsDeclaredBySd.size() == 1) {
26          movePredicatesToOneVarSimpleDeclaration(sd,              // Punkt 2.
27              movableExpressions.get(sd), varsDeclaredBySd);
28      } else {
29      if (sdsOfParentDecl.size() > 1) {
30          movePredicatesToMultiVarSimpleDeclaration(sd,           // Punkt 3.
31              movableExpressions.get(sd), varsDeclaredBySd);
32      }
33      }
34  }
```

Listing 4.9: Der Algorithmus zur Wahl der bestmöglichen Transformation

4.7.5. Das Splitten einer SimpleDeclaration

Die Methode

```
void splitSimpleDeclaration(SimpleDeclaration sd,
                            Set<Variable> varsToBeSplit)
```

implementiert das Splitting einer SimpleDeclaration. Ihr Algorithmus ist in Listing 4.10 auf der nächsten Seite aufgeführt. Der Parameter sd bezeichnet die SimpleDeclaration, welche gesplittet wird. Der Parameter varsToBeSplit enthält die Menge der Variablen, die eine eigene SimpleDeclaration bekommen.

Falls die Menge der Variablen, die von sd deklariert werden, und die Menge der Variablen, die in eine eigene SimpleDeclaration gesplittet werden sollen, übereinstimmen, muss nichts getan werden (Zeile 4 bis 6).

```
1    void splitSimpleDeclaration(SimpleDeclaration sd,
2                      Set<Variable> varsToBeSplit) {
3      Set<Variable> varsDeclaredBySD = collectVariablesDeclaredBy(sd);
4      if (varsDeclaredBySD.size() == varsToBeSplit.size()) {
5        return;
6      }
7
8      Declaration parentDecl = getParentDeclarationOf(sd);
9      SimpleDeclaration newSD = syntaxgraph.createSimpleDeclaration();
10     syntaxgraph.createIsSimpleDeclOf(newSD, parentDecl);
11     syntaxgraph.createIsTypeExprOfDeclaration(
12         sd.getFirstIsTypeExprOfDeclaration().getAlpha(),
13         newSD);
14
15     for (Variable var : varsToBeSplit) {
16       IsDeclaredVarOf inc = sd.getFirstIsDeclaredVarOf();
17       HashSet<IsDeclaredVarOf> incs = new HashSet<IsDeclaredVarOf>();
18       while (inc != null) {
19         if (inc.getAlpha() == var) {
20           incs.add(inc);
21         }
22         inc = inc.getNextIsDeclaredVarOf(EdgeDirection.IN);
23       }
24       for (IsDeclaredVarOf relinkEdge : incs) {
25         relinkEdge.setOmega(newSD);
26       }
27     }
28   }
```

Listing 4.10: Der Algorithmus zum Splitten einer SimpleDeclaration

Ansonsten wird in den Zeilen 8 bis 13 eine neue SimpleDeclaration erzeugt und an die gemeinsame Elterndeklaration angefügt. Als Typausdruck (also die Expression an der IsTypeExpressionOfDeclaration-Kante der SimpleDeclaration) wird jener der ursprünglichen SimpleDeclaration sd verwendet.

Ab Zeile 15 wird über die Variablen, die von der neuen SimpleDeclaration deklariert werden sollen, iteriert. Dabei werden nun obsolet gewordene IsDeclaredVarOf-Kanten, welche die abgesplitteten Variablen mit der ursprünglichen SimpleDeclaration sd verbinden, auf die neue SimpleDeclaration newSD umgelenkt.

4.7.6. Das Vorziehen von Prädikaten in eine SimpleDeclaration mit einer Variable

Das Vorziehen von Prädikaten in eine SimpleDeclaration, die nur eine Variable deklariert, wird von der Methode

```
void movePredicatesToOneVarSimpleDeclaration(
        SimpleDeclaration origSD,
        Set<Expression> predicates,
        Set<Variable> varsDeclaredByOrigSD)
```

realisiert. Dabei ist `origSD` die `SimpleDeclaration`, in welche die Prädikat-`Expres`-`sions` in `predicates` hineingezogen werden sollen. Die Menge `varsDeclaredByOrigSD` enthält die einzige Variable, die von `origSD` deklariert wird.
Der Algorithmus der Methode ist in Listing 4.11 angegeben.

```
1   void movePredicatesToOneVarSimpleDeclaration(
2          SimpleDeclaration origSD,
3          Set<Expression> predicates,
4          Set<Variable> varsDeclaredByOrigSD) {
5       Expression newCombinedConstraint = createConjunction(
6          new ArrayList<Expression>(predicates),
7          varsDeclaredByOrigSD,
8          new HashMap<Variable, Variable>());
9       SetComprehension newSetComp = syntaxgraph.createSetComprehension();
10      Declaration newDecl = syntaxgraph.createDeclaration();
11      SimpleDeclaration newInnerSD=syntaxgraph.createSimpleDeclaration();
12      Set<Variable> undeclaredVars
13          = collectUndeclaredVariablesBelow(newCombinedConstraint);
14      Variable newInnerVar = undeclaredVars.iterator().next();
15
16      origSD.getFirstIsTypeExprOf(EdgeDirection.IN).setOmega(newInnerSD);
17      syntaxgraph.createIsTypeExprOfDeclaration(newSetComp, origSD);
18      syntaxgraph.createIsCompDeclOf(newDecl, newSetComp);
19      syntaxgraph.createIsSimpleDeclOf(newInnerSD, newDecl);
20      syntaxgraph.createIsDeclaredVarOf(newInnerVar, newInnerSD);
21      syntaxgraph.createIsConstraintOf(newCombinedConstraint, newDecl);
22      syntaxgraph.createIsCompResultDefOf(newInnerVar, newSetComp);
23
24      for (Expression exp : predicates) {
25          removeExpressionFromOriginalConstraint(exp);
26      }
27  }
```

Listing 4.11: Der Algorithmus zum Vorziehen von Prädikaten in eine `SimpleDeclara`-`tion`, die genau eine Variable deklariert

Zunächst werden in den Zeilen 5 bis 8 alle gegebenen Prädikate zu einer neuen Constraint-`Expression` kombiniert. Auf die dafür zuständige Methode `createConjunction()` wird später noch ausführlich eingegangen. Vorerst reicht es jedoch zu wissen, dass sie die gegebenen Prädikatausdrücke kopiert und mittels and-Funktionsanwendungen verknüpft, so dass ein einziges Prädikat, eine Konjunktionskette, entsteht. Dabei werden die als zweiter Parameter übergebenen Variablen ebenfalls kopiert.

In den Zeilen 9 bis 14 werden die neuen Knoten für den inneren FWR-Ausdruck erzeugt. Da die einzige von `origSD` deklarierte Variable beim Erzeugen der kombinierten Constraint kopiert wurde, ist sie in dieser undeklariert, d.h. sie ist nicht über eine `IsDeclaredVarOf`-Kante mit einer `SimpleDeclaration` verbunden und wird daher durch den Methodenaufruf in Zeile 13 gefunden.

Ab Zeile 16 werden nun die Kanten, welche die neu erzeugten Knoten untereinander und mit `origSD` verbinden, erzeugt bzw. angepasst. Der Typausdruck von `origSD` wird zu jenem der neuen inneren `SimpleDeclaration`, und die neu erzeugte `SetComprehension` wird zum Typausdruck der ursprünglichen SimpleDeclaration. Danach werden die Kanten des neuen inneren FWR-Ausdrucks erzeugt, dessen Einschränkung newCombined-Constraint und dessen einzige deklarierte lokale Variable newInnerVar ist.

Schließlich werden ab Zeile 24 die ursprünglichen Prädikate der äußeren Declaration entfernt. Die dafür zuständige Methode namens removeExpressionFromOriginalConstraint() wird in Abschnitt 4.7.6.2 noch eingehend erläutert.

Damit ist die Transformation abgeschlossen. Jedoch soll zunächst noch detailliert auf die oben knapp beschriebene Methode createConjunction() eingegangen werden.

4.7.6.1. Die Konstruktion einer Konjunktionskette

Wie bereits oben erwähnt, erzeugt createConjunction() eine Konjunktionskette, bei der die gegebenen Prädikat-Expressions kopiert und dann mit and-Funktionsanwendungen verknüpft werden. Zuerst wird die Kopiermethode copySubgraph() vorgestellt, deren Algorithmus in Listing 4.12 auf Seite 89 angegeben ist.

Ist der gegebene Wurzelknoten origVertex ein Identifier aber keine Variable, so wird keine Kopie angefertigt, sondern der ursprüngliche Knoten zurückgegeben (Zeile 5 bis 8). Da Identifiers immer Blattknoten sind, kann hier abgebrochen werden.

Handelt es sich hingegen um eine Variable, so muss eine Unterscheidung getroffen werden. Soll sie nicht kopiert werden, ist sie also nicht in variablesToBeCopied enthalten (Zeile 13), so wird sie unverändert zurückgegeben.

Wurde sie schon einmal kopiert, so ist sie als Schlüssel in copiedVarMap enthalten, und ihre Kopie wird zurückgegeben. Mit diesem Mechanismus wird sichergestellt, dass jede Variable aus variablesToBeCopied nur genau einmal kopiert wird und danach ihre einzige Kopie genutzt wird.

Ist der Knoten origVertex keine Variable oder ist er eine Variable, soll kopiert werden und es steht noch keine Kopie bereit, so wird in den Zeilen 17 bis 20 eine Kopie angefertigt. Handelt es sich um eine Variable, so wird ein Mapping von der ursprünglichen Variable auf die ab nun zu verwendende Kopie in copiedVarMap eingefügt (Zeile 22 bis 24).

Ab Zeile 26 wird über alle einlaufenden Kanten des ursprünglichen Knotens iteriert, diese kopiert und mit den rekursiv erzeugten Kindknoten verbunden.

Zuletzt kann der Wurzelknoten topVertex des kopierten Subgraphen origVertex zurückgegeben werden.

```
1   Vertex copySubgraph(Vertex origVertex,
2                       Greql2 graph,
3                       Set<Variable> variablesToBeCopied,
4                       HashMap<Variable, Variable> copiedVarMap) {
5       if (origVertex instanceof Identifier
6           && !(origVertex instanceof Variable))
7           return origVertex;
8
9       if (origVertex instanceof Variable) {
10          if (copiedVarMap.containsKey(origVertex))
11              return copiedVarMap.get(origVertex);
12
13          if (!variablesToBeCopied.contains(origVertex))
14              return origVertex;
15      }
16      Class<? extends Vertex> vertexClass = origVertex
17          .getAttributedElementClass().getM1Class();
18      Vertex topVertex = graph.createVertex(vertexClass);
19      copyAttributes(origVertex, topVertex);
20
21      if (topVertex instanceof Variable)
22          copiedVarMap.put((Variable) origVertex, (Variable) topVertex);
23
24      Edge origEdge = origVertex.getFirstEdge(EdgeDirection.IN);
25      Vertex subVertex;
26      while (origEdge != null) {
27          subVertex = copySubgraph(origEdge.getAlpha(), graph,
28                      variablesToBeCopied, copiedVarMap);
29          Class<? extends Edge> edgeClass = origEdge
30              .getAttributedElementClass().getM1Class();
31          graph.createEdge(edgeClass, subVertex, topVertex);
32          origEdge = origEdge.getNextEdge(EdgeDirection.IN);
33      }
34      return topVertex;
35  }
```

Listing 4.12: Der Algorithmus zum Kopieren eines Subgraphs

Nachdem copySubgraph() erklärt wurde, ist der in Listing 4.13 auf der nächsten Seite angegebene Algorithmus von createConjunction() leicht verständlich.

Falls die Liste der Prädikate nur ein einziges Element enthält, so wird dieses kopiert und zurückgegeben (Zeile 4 bis 7).

Ansonsten wird eine neue and-FunctionApplication erzeugt. Die Methode

```
FunctionId findOrCreateFunctionId()
```

liefert einen bereits im Graphen existenten FunctionId-Knoten mit dem übergebenen Namen. Existiert kein solcher, wird er neu erzeugt.

Ab Zeile 11 werden die beiden Argumente der and-Funktionsanwendung erzeugt. Das Erste ist eine Kopie der ersten Prädikat-Expression in predicates, das Zweite ist die Konjunktionskette, die die restlichen Elemente von predicates miteinander verknüpft.

```
 1    Expression createConjunction(List<Expression> predicates,
 2                 Set<Variable> varsToBeCopied,
 3                 HashMap<Variable, Variable> copiedVars) {
 4      if (predicates.size() == 1)
 5        return (Expression) copySubgraph(predicates.get(0), syntaxgraph,
 6                                 varsToBeCopied, copiedVars);
 7
 8      FunctionApplication funApp=syntaxgraph.createFunctionApplication();
 9      FunctionId funId = findOrCreateFunctionId("and", syntaxgraph);
10      syntaxgraph.createIsFunctionIdOf(funId, funApp);
11      syntaxgraph.createIsArgumentOf(
12        (Expression) copySubgraph(predicates.get(0),
13                         syntaxgraph,
14                         varsToBeCopied,
15                         copiedVars),
16        funApp);
17      syntaxgraph.createIsArgumentOf(
18        createConjunction(predicates.subList(1, predicates.size()),
19                         varsToBeCopied,
20                         copiedVars),
21        funApp);
22      return funApp;
23    }
```

Listing 4.13: Der Algorithmus zum Erzeugen einer Konjunktionskette

Danach kann die and-Funktionsanwendung, die den Wurzelknoten der Konjunktionskette repräsentiert, zurückgegeben werden.

Auch die als nächstes erläuterte Transformation zum Vorziehen von Prädikaten in eine SimpleDeclaration, die mehrere Variable deklariert (Abschnitt 4.7.7), verwendet createConjunction() um alle vorziehbaren Prädikate zu einer Konjunktionskette zu kombinieren.

Zunächst wird jedoch die Löschung der vorgezogenen Prädikate aus ihrer ursprünglichen Constraint-Expression erläutert.

4.7.6.2. Das Entfernen von vorgezogenen Prädikaten in den Constraints der äußeren Declaration

In Listing 4.11 auf Seite 87 erkennt man, dass nach dem Vorziehen der Prädikate für jedes Urspungsprädikat in den Constraints der äußeren Declaration die Methode

void removeExpressionFromOriginalConstraint()

aufgerufen wird. Wie der Name schon suggeriert, entfernt sie das Prädikat aus der Constraint-Expression der äußeren Declaration. Ihr Algorithmus ist in Listing 4.14 angegeben. Zunächst wird in Zeile 3 der Vaterknoten des Prädikats beschafft. Ist jener eine Declaration, so war exp die einzige Constraint an der entsprechenden IsConstraintOf-Kante der Vaterdeklaration und kann folglich gelöscht werden (Zeile 4 bis 6).

```
1   void removeExpressionFromOriginalConstraint(Expression exp) {
2     Edge upEdge = exp.getFirstEdge(EdgeDirection.OUT);
3     Vertex father = upEdge.getOmega();
4     if (father instanceof Declaration) {
5       exp.delete();
6     } else if (father instanceof FunctionApplication
7       && isAnd((FunctionApplication) father)) {
8       FunctionApplication funApp = (FunctionApplication) father;
9       Expression otherArg = null;
10      IsArgumentOf inc = funApp.getFirstIsArgumentOf(EdgeDirection.IN);
11      while (inc != null) {
12        if (inc.getNormalEdge() != upEdge.getNormalEdge()) {
13          otherArg = (Expression) inc.getAlpha();
14        }
15        inc = inc.getNextIsArgumentOf(EdgeDirection.IN);
16      }
17      Edge funAppEdge = funApp.getFirstEdge(EdgeDirection.OUT);
18      funAppEdge.setAlpha(otherArg);
19      funApp.delete();
20      exp.delete();
21    }
22  }
```

Listing 4.14: Der Algorithmus zum Entfernen eines Prädikats

Handelt es sich hingegen beim Vaterknoten um eine and-Funktionsanwendung, so kann exp nicht einfach entfernt werden, da eine and-Funktionsanwendung genau zwei Argumente haben muss. Stattdessen wird die vom Vaterknoten funApp auslaufende Kante umgebogen, so dass sie am anderen Argumentknoten von funApp beginnt. Danach können sowohl das Prädikat exp als auch die and-Funktionsanwendung funApp gelöscht werden.

4.7.7. Das Vorziehen von Prädikaten in eine SimpleDeclaration mit mehreren Variablen

Um einen Überblick über das Vorgehen beim Vorziehen von Prädikaten in eine Simple-Declaration mit mehreren deklarierten Variablen zu bekommen, wird es zunächst an einem einfachen Beispiel erläutert. Gegeben sei die folgende Anfrage:

```
1   from a, b : list(1..10),
2     c : list(11..20)
3   with isPrime(a+b) and isPrime(a+c)
4   reportBag a, b, c
5   end
```

Das isPrime(a+b) benötigt nur die Variablen, die von der SimpleDeclaration a, b : list(1..10) deklariert werden. Durch das Vorziehen wird die ursprüngliche Anfrage in jene aus Listing 4.15 transformiert.

```
1    from ab : from a, b : list(1..10)
2              with isPrime(a+b)
3              reportSet rec(a: a, b: b)
4              end,
5         c : list(11..20)
6    with true and isPrime(ab.a + c)
7    reportBag ab.a, ab.b, c
8    end
```

Listing 4.15: Ergebnis der Transformation

An die Stelle der ursprünglichen SimpleDeclaration tritt eine Neue, welche eine Record-Variable deklariert. In den Constraints der äußeren Declaration und in der Ergebnisdefinition der äußeren Comprehension muss nun auf die jeweiligen Record-Komponenten statt auf a und b zugegriffen werden.

Die ursprüngliche SimpleDeclaration wird einer neuen inneren Declaration zugewiesen, die ihrerseits einer neuen inneren SetComprehension zugewiesen wird. In dieser inneren Deklaration finden sich die vorziehbaren Prädikate im with-Teil wieder.

Das Ergebnis der inneren SetComprehension ist eine Menge von Records, deren Komponenten die Namen der ursprünglichen Variablen tragen.

Die Transformation zum Vorziehen von Prädikaten in SimpleDeclarations, die mehrere Variablen deklarieren, wird durch die Methode

```
void movePredicatesToMultiVarSimpleDeclaration(
         SimpleDeclaration origSD,
         Set<Expression> predicates,
         Set<Variable> varsDeclaredByOrigSD)
```

realisiert.

Sie hat die gleichen Parameter wie die Methode movePredicatesToOneVarSimpleDeclaration() aus Abschnitt 4.7.6.

Um nicht den Überblick zu verlieren wird sie, statt ihren Code komplett abzudrucken, in kleinen funktionalen Einheiten präsentiert.

Als erstes wird eine Map initialisiert, welche die Variablen der Ursprungs-SimpleDeclaration auf eine Menge von Kanten abbildet, die von dieser Variable auslaufen und über einen vorwärts gerichteten Pfad in die IsCompResultDefOf- bzw. IsBoundExpression-Of-Kante der darüberliegenden Comprehension bzw. QuantifiedExpression münden. Es müssen hier QuantifiedExpressions berücksichtigt werden, denn auch diese können Vaterknoten einer Declaration sein (vgl. Abschnitt 4.7.1). All jene Kanten müssen später auf die entsprechende Record-Zugriffsfunktion umgebogen werden. Der Code dazu ist in Listing 4.16 angegeben.

Jetzt ist man schon in der Lage, die Variablenzugriffe auf Variablen deklariert von origSD im report-Ausdruck bzw. dem gebundenen Ausdruck der äußeren Comprehension bzw.

```
 1   varEdgeMap = new HashMap<Variable, Set<Edge>>();
 2   Declaration parentDeclOfOrigSD = getParentDeclarationOf(origSD);
 3   Expression parentComprOrQuantExpr
 4       = getParentOfDeclaration(parentDeclOfOrigSD);
 5   Edge targetEdge = null;
 6   if (parentComprOrQuantExpr instanceof Comprehension) {
 7     targetEdge = ((Comprehension) parentComprOrQuantExpr)
 8       .getFirstIsCompResultDefOf(EdgeDirection.IN);
 9   } else {
10     targetEdge = ((QuantifiedExpression) parentComprOrQuantExpr)
11       .getFirstIsBoundExprOf(EdgeDirection.IN);
12   }
13   for (Variable var : varsDeclaredByOrigSD) {
14     varEdgeMap.put(var, collectEdgesComingFrom(var, targetEdge));
15   }
```

Listing 4.16: Die Suche nach Kanten, die später auf eine Record-Zugriffsfunktion umgebogen werden müssen

QuantifiedExpression, durch Zugriffe auf die entsprechenden Record-Komponenten zu ersetzen. Es fehlen allerdings noch die Variablenzugriffe, die in den Constraints der äußeren Declaration verbleiben. Diese werden später der Map hinzugefügt.

Der nächste Schritt umfasst im Wesentlichen das Erzeugen der Knoten und Kanten der inneren SetComprehension. Anzumerken ist nur, dass die ursprüngliche SimpleDeclaration origSD nach innen gezogen wird und der neu erzeugten inneren Declaration zugewiesen wird. Der Code dazu ist in Listing 4.17 auf der nächsten Seite angegeben.

Analog zu Abschnitt 4.7.6 wird mittels createConjunction() eine Konjunktionskette erzeugt. Hierbei ist zu beachten, dass *keine* Variablen kopiert werden, da eine leere Menge als varsToBeCopied-Parameter übergeben wird (vgl. Listing 4.13). Danach werden wieder die ursprünglichen Prädikate aus den Constraints der äußeren Declaration entfernt.

Nachdem die ursprünglichen Prädikat-Expressions entfernt wurden, kann schließlich in den Constraints der äußeren Declaration nach weiteren Variablen-Zugriffen auf die nun nach innen gezogenen Variablen gesucht werden und damit die Liste der Kanten, die auf einen Record-Komponenten-Zugriff umgebogen werden müssen, komplettiert werden.

Die Erzeugung der Record-Komponenten-Zugriffe mit Hilfe der GREQL2-Funktion get-Value() und das Umbiegen der Kanten, die aus einer inneren Variable auslaufen, schließt sich direkt daran an. Der Code dazu ist in Listing 4.18 auf der nächsten Seite veranschaulicht.

Damit ist die Transformation abgeschlossen.

```
1    newOuterRecord = syntaxgraph.createRecordConstruction();
2    StringBuilder newOuterVarName = new StringBuilder();
3    for (Variable var : varsDeclaredByOrigSD) {
4      newOuterVarName.append(var.getName());
5      RecordElement recElem = syntaxgraph.createRecordElement();
6      syntaxgraph.createIsRecordElementOf(recElem, newOuterRecord);
7      RecordId recId = syntaxgraph.createRecordId();
8      recId.setName(var.getName());
9      syntaxgraph.createIsRecordIdOf(recId, recElem);
10     syntaxgraph.createIsRecordExprOf(var, recElem);
11   }
12   Variable newOuterRecordVar = syntaxgraph.createVariable();
13   newOuterRecordVar.setName(newOuterVarName.toString());
14   SimpleDeclaration newOuterSD = syntaxgraph.createSimpleDeclaration();
15   syntaxgraph.createIsSimpleDeclOf(newOuterSD, parentDeclOfOrigSD);
16   syntaxgraph.createIsDeclaredVarOf(newOuterRecordVar, newOuterSD);
17   SetComprehension newInnerCompr = syntaxgraph.createSetComprehension();
18   syntaxgraph.createIsTypeExprOfDeclaration(newInnerCompr, newOuterSD);
19   Declaration newInnerDecl = syntaxgraph.createDeclaration();
20   syntaxgraph.createIsCompDeclOf(newInnerDecl, newInnerCompr);
21   syntaxgraph.createIsCompResultDefOf(newOuterRecord, newInnerCompr);
22   origSD.getFirstIsSimpleDeclOf().setOmega(newInnerDecl);
23   Expression newCombinedConstraint = createConjunction(
24     new ArrayList<Expression>(predicates), new HashSet<Variable>(),
25     new HashMap<Variable, Variable>());
26   syntaxgraph.createIsConstraintOf(newCombinedConstraint, newInnerDecl);
27   for (Expression pred : predicates)
28     removeExpressionFromOriginalConstraint(pred);
```

Listing 4.17: Die Erzeugung der Knoten und Kanten der inneren SetComprehension

```
1    for (Variable var : varsDeclaredByOrigSD) {
2      IsConstraintOf inc = parentDeclOfOrigSD
3        .getFirstIsConstraintOf(EdgeDirection.IN);
4      while (inc != null) {
5        varEdgeMap.get(var).addAll(collectEdgesComingFrom(var, inc));
6        inc = inc.getNextIsConstraintOf(EdgeDirection.IN);
7      }
8    }
9    for (Variable var : varEdgeMap.keySet()) {
10     FunctionApplication funApp=syntaxgraph.createFunctionApplication();
11     FunctionId funId = findOrCreateFunctionId("getValue", syntaxgraph);
12     syntaxgraph.createIsFunctionIdOf(funId, funApp);
13     Identifier identifier = syntaxgraph.createIdentifier();
14     identifier.setName(var.getName());
15     syntaxgraph.createIsArgumentOf(newOuterRecordVar, funApp);
16     syntaxgraph.createIsArgumentOf(identifier, funApp);
17     for (Edge edge : varEdgeMap.get(var)) {
18       edge.setAlpha(funApp);
19     }
20   }
```

Listing 4.18: Die Suche nach weiteren Kanten, die auf eine Record-Zugriffsfunktion umgebogen werden müssen und das Umlenken dieser Kanten

4.7.8. Einige Beispiele

Nachdem die algorithmische Seite der Transformation "Selektion so früh wie möglich" erschöpfend besprochen wurde, folgen nun einige Beispiele, die demonstrieren, wie eine gegebene Anfrage durch den EarlySelectionOptimizer umgeformt wird. Da im Abschnitt 4.7.1 schon die Textform der hier relevanten Anfragen und ihrer Repräsentation als Syntaxgraph besprochen wurden, werden die Ergebnisse der Transformationen nur in Textform angegeben. Werden durch Vorziehen von Prädikaten in eine SimpleDeclaration mit nur einer Variable neue innere Variablen gleichen Namens erzeugt, so werden diese der Übersichtlichkeit halber mit einem ' gekennzeichnet.

Beispiel 7: Gegeben sei folgende Anfrage:

```
1   from x, y : list(1..10),
2        z : list(11..20)
3   with isPrime(x) and isPrime(x + y)
4        and isPrime(x + z) and isPrime(z)
5   reportSet x, y, z
6   end
```

In der ersten Iteration des EarlySelectionOptimizers wird erkannt, dass die Prädikate isPrime(x) und isPrime(x + y) in die erste SimpleDeclaration vorgezogen werden können und isPrime(z) in die Zweite. Nach Durchführung dieser beiden Transformationen ergibt sich folgende Anfrage:

```
1    from yx : from x, y : list(1..10)
2              with isPrime(x) and isPrime(x + y)
3              reportSet rec(x: x, y: y)
4         end,
5         z : from z' : list(11..20)
6              with isPrime(z')
7              reportSet z'
8         end
9    with isPrime(yx.x + z)
10   reportSet yx.x, yx.y, z
11   end
```

Die zweite Iteration deckt auf, dass sich in der neuen SetComprehension, die der Typausdruck der SimpleDeclaration ist, welche yx deklariert, noch das Prädikat isPrime(x) vorziehen lässt. Folglich wird ein Split durchgeführt, der die Anfrage in Folgende umformt:

```
1    from yx : from x : list(1..10),
2                   y : list(1..10)
3              with isPrime(x) and isPrime(x + y)
4              reportSet rec(x: x, y: y)
5         end,
6         z : from z' : list(11..20)
7              with isPrime(z')
8              reportSet z'
9         end
10   with isPrime(yx.x + z)
11   reportSet yx.x, yx.y, z end
```

Jetzt kann isPrime(x) vorgezogen werden, und es ergibt sich diese Query:

```
 1   from yx : from x : from x' : list(1..10)
 2                                 with isPrime(x')
 3                                 reportSet x'
 4                               end,
 5                       y : list(1..10)
 6                   with isPrime(x + y)
 7                   reportSet rec(x: x, y: y)
 8                 end,
 9          z : from z' : list(11..20)
10                     with isPrime(z')
11                     reportSet z'
12                   end
13       with isPrime(yx.x + z)
14       reportSet yx.x, yx.y, z
15     end
```

In der vierten und letzten Iteration kann keine Transformation mehr angewendet werden, so dass die obige Query das Endergebnis der Optimierung
darstellt.

Das nächste Beispiel demonstriert, dass die Transformation "Selektion so früh wie möglich" auch auf QuantifiedExpressions anwendbar ist.

Beispiel 8: Gegeben sei diese Anfrage:

```
 1   exists a, b, c : list(1..10),
 2         isPrime(a), isPrime(b), isPrime(a + b)
 3   @ a > 5 and a > b and a < c * c
```

Die erste Iteration stellt fest, dass durch Splitten der einzigen SimpleDeclaration alle Constraint-Prädikate der Declaration vorgezogen werden
können. Da immer möglichst große Splits gemacht werden, ergibt sich diese
Query, in welcher a und b in einer eigenen SimpleDeclaration deklariert
werden.

```
 1   exists a, b : list(1..10),
 2         c : list(1..10),
 3         isPrime(a), isPrime(b), isPrime(a + b)
 4   @ a > 5 and a > b and a < c * c
```

Nun können in der zweiten Iteration alle drei Prädikat-Expressions in die
erste SimpleDeclaration vorgezogen werden.

```
 1   exists ba : from a, b : list(1..10)
 2               with isPrime(a) and isPrime(b) and isPrime(a+b)
 3               reportSet rec(a: a, b: b)
 4             end
 5         c : list(1..10)
 6   @ ba.a > 5 and ba.a > ba.b and ba.a < c * c
```

Die beiden `Expressions` isPrime(a) und isPrime(b) können weiter vorgezogen werden, wenn zuerst ein Split durchgeführt wird.

```
1   exists ba : from a : list(1..10),
2                    b : list(1..10)
3              with isPrime(a) and isPrime(b) and isPrime(a+b)
4              reportSet rec(a: a, b: b)
5          end
6       c : list(1..10)
7   @ ba.a > 5 and ba.a > ba.b and ba.a < c * c
```

In der vierten Iteration können isPrime(a) und isPrime(b) endlich in die
entsprechenden `SimpleDeclarations` vorgezogen werden.

```
1    exists ba : from a : from a' : list(1..10)
2                         with isPrime(a')
3                         reportSet a'
4                         end,
5                    b : from b' : list(1..10)
6                         with isPrime(b')
7                         reportSet b'
8                         end
9              with isPrime(a + b)
10             reportSet rec(a: a, b: b)
11         end
12      c : list(1..10)
13   @ ba.a > 5 and ba.a > ba.b and ba.a < c * c
```

Die fünfte Iteration des `EarlySelectionOptimizers` kann keine Transformationen mehr anwenden, so dass obige Anfrage das Resultat der Transformation "Selektion so früh wie möglich" darstellt.

4.8. Die Transformation "Pfadexistenz-Prädikate in Funktionsanwendungen wandeln"

GREQL2 ist eine Graphanfragesprache, und bei der Untersuchung von Graphen gibt es einige Fragestellungen, die von besonderer Bedeutung sind. Dazu gehört ohne Zweifel die Frage, ob zwei gegebene Knoten durch eine bestimmten Abfolge von Kanten und Knoten verbunden sind, d.h. ob ein Pfad mit ihnen als Start- bzw. Zielknoten existiert. Wie die beiden gegebenen Knoten verbunden sein sollen, kann in GREQL2 mit regulären Pfadbeschreibungen, die bereits in Definition 1 auf Seite 23 eingeführt wurden, genau spezifiziert werden.

Zunächst werden einige Beispiele erläutert. Als Datengraph, auf dem die Anfragen ausgeführt werden, dient jener aus Abbildung B.3 im Anhang B auf Seite 169. Er ist der unoptimierte Syntaxgraph, den der GREQL2-Parser aus der folgenden Anfrage erzeugt.

```
1   from a : list(1..10),
2        b : list(11..20)
3   with isPrime(a) and isPrime(b) and a * a > b
4   reportSet a, b
5   end
```

Listing 4.19: Die Anfrage, deren Syntaxgraph als Datengraph zur Auswertung der folgenden Anfragen verwendet wird

Es wird zuerst die folgende Anfrage betrachtet:

```
1   from var : V{Variable},
2        sd  : V{SimpleDeclaration}
3   with var --> sd
4   report var, sd
5   end
```

Listing 4.20: Erste Beispielanfrage

Sie berechnet für alle `Variables` die `SimpleDeclaration`, in der sie deklariert wurden. Dazu verwendet sie im `with`-Teil ein Pfadexistenz-Prädikat (`PathExistence`) mit var als Startausdruck, sd als Zielausdruck und `-->` als Pfadbeschreibung (`PathDescription`). Diese liefert `true`, wenn var an einen `Variable`-Knoten gebunden ist, von dem aus eine auslaufende Kante in einen an sd gebundenen `SimpleDeclaration`-Knoten führt.

Als Ergebnis erhält man die beiden Tupel (v6: `Variable`, v10: `SimpleDeclaration`) und (v1: `Variable`, v5: `SimpleDeclaration`). Vergleicht man diese mit Abbildung B.3, so erkennt man die Korrektheit des Ergebnisses. Die Variable a, repräsentiert durch den Knoten v1, ist direkt über die Kante e3 mit der `SimpleDeclaration` v5 verbunden. Genauso ist die Variable b (Knoten v6) über e7 mit der `SimpleDeclaration` v10 verbunden.

Die nächste Anfrage berechnet alle `FunctionApplication`-Knoten, die beide Variablen a und b direkt oder indirekt benutzen.

```
1   from v1 : V,
2        v2 : V
3   with getVertex(1) -->* & {FunctionApplication} v1 and
4        getVertex(6) -->* & {FunctionApplication} v1 and
5        v1 <--{IsFunctionIdOf} v2
6   reportSet toString(v1) + " (" + getValue(v2, "name") + ") " + "uses "
7             + getValue(getVertex(1), "name") + " "
8             + toString((getVertex(1) --> v1) ?
9                      "directly" : "indirectly" : "not at all")
10            + " and "
11            + getValue(getVertex(6), "name") + " "
12            + toString((getVertex(6) --> v1) ?
13                      "directly" : "indirectly" : "not at all")
14            + "."
15  end
```

Listing 4.21: Eine zweite Beispielanfrage

Dazu werden die Variablen v1 und v2 nacheinander an alle Knoten gebunden. Für jede Kombination wird geprüft, ob

- vom Knoten mit der Id 1 (das ist der Knoten der Variable a) ein vorwärts gerichteter Pfad in den an v1 gebundenen Knoten existiert, wobei v1 hier mittels einer Zielbeschränkung (GoalRestriction) auf Knoten der Klasse FunctionApplication eingeschränkt wird, und ob

- ein ebensolcher Pfad auch für den Knoten mit der Id 6 (das ist der Knoten der Variable b) existiert, und ob

- der Knoten, welcher an v2 gebunden ist, direkt über eine IsFunctionIdOf-Kante mit v1 verbunden ist.

Jeder dieser drei Tests wird mit einem Pfadexistenz-Prädikat (PathExistence) durchgeführt. Es sei angemerkt, dass die Anfrage durchaus etwas einfacher und schneller auswertbar gestellt werden könnte, indem beispielsweise v1 direkt nur an Knoten der Klasse FunctionApplication und v2 nur an Knoten der Klasse FunctionId gebunden würden, jedoch demonstriert dieses Beispiel, dass die Pfadbeschreibungen einer PathExistence beliebig komplex sein dürfen. Für weitere Einschränkungsmöglichkeiten bei Pfadbeschreibungen sei auf [Mar06], S. 67ff, verwiesen.

Im report-Teil wird für jede Wertekombination, welche die Constraints erfüllt, ein englischer Satz konstruiert, der darüber Auskunft gibt, ob die beiden Variablen a und b direkt oder indirekt benutzt werden. Um zu bestimmen, ob eine Variable direkt benutzt wird, werden wieder Pfadexistenz-Prädikate verwendet.

Das Ergebnis enthält die folgenden drei Strings:

```
v24: FunctionApplication (grThan) uses a indirectly and b directly
v26: FunctionApplication (and) uses a indirectly and b indirectly
v17: FunctionApplication (and) uses a indirectly and b indirectly
```

Schon der Vergleich mit der Textrepräsentation des Datengraphen aus Listing 4.19 zeigt, dass die gefundenen Knoten korrekt sind und auch die Variablennutzung (direkt oder indirekt) stimmt.

4.8.1. Die Auswertung von Pfadexistenz-Prädikaten

Auf Seite 88 seiner Diplomarbeit ([Bil06]) beschreibt Daniel Bildhauer, wie `PathExistence`-Knoten durch den `PathExistenceEvaluator` ausgewertet werden.

Zuerst wird für die Pfadbeschreibung (`PathDescription`) an der `isPathOf`-Kante der `PathExistence` ein nichtdeterministischer endlicher Automat (NFA) erzeugt und dieser in einen deterministischen endlichen Automaten (DFA) umgeformt. Dieser DFA wird dann zur Pfadsuche verwendet.

Die Pfadsuche an sich wird durch die GREQL2-Funktion `isReachable(startVertex, targetVertex, DFA)` realisiert. Diese Funktion liefert genau dann `true` zurück, wenn ein durch `DFA` akzeptierter Pfad den Knoten `startVertex` mit dem Knoten `targetVertex` verbindet.

Es wird noch einmal die erste Beispielanfrage aus Listing 4.20 betrachtet, um die Kosten der Auswertung eines `PathExistence`-Knotens zu berechnen. Diese werden bestimmt durch die einmalige Erzeugung des DFAs zuzüglich den Kosten der `isReachable`-Funktionsauswertungen. Diese verhältnismäßig teure Funktion muss jedes mal, wenn `var` oder `sd` ihren Wert ändern, neu berechnet werden. Im benutzten Datengraphen aus Abbildung B.3 auf Seite 169 gibt es zwei Variablen und zwei `SimpleDeclarations`. Folglich muss `IsReachable()` vier mal berechnet werden. Bei Graphen mit realistischeren Knotenzahlen könnte die Auswertung durchaus millionen Male erfolgen.

Statt jedes mal die Erreichbarkeit eines Knotens mittels eines Automatens zu überprüfen, wäre es günstiger, nur einmal alle vom Startknoten aus erreichbaren Knoten mit diesem DFA zu berechnen und in einer Menge zu sammeln und dann die Zielknoten nur auf Enthaltensein in jener Menge zu testen. Genau das ist die Idee hinter dem `PathExistence`-Optimizer.

Die Anfrage

```
1   from a, b : V
2   with a --> b
3   report a, b
4   end
```

kann transformiert werden in die Folgende:

```
1   from a, b : V
2   with contains(a -->, b)
3   report a, b
4   end
```

Beim Pfadexistenz-Prädikat muss jedes mal, wenn a oder b seinen Wert ändert, eine teure Pfadsuche durchgeführt werden, um zu überprüfen, ob der an b gebundene Knoten vom an a gebundenen Knoten aus über einen der Pfadbeschreibung entsprechenden Pfad erreichbar ist. Bei der transformierten Variante ist eine Pfadsuche nur bei Wertänderungen von a nötig. Dann muss nämlich das ForwardVertexSet a -->, die Menge aller von a über den Pfad --> erreichbaren Knoten, neu berechnet werden. Die Funktionsanwendung von contains muss genauso häufig wie die PathExistence der ursprünglichen Anfrage ausgewertet werden. Allerdings sind die Kosten des Enthaltenseinstests deutlich geringer.

Nimmt man an, dass obige Anfrage auf einem Datengraphen mit 100 Knoten ausgewertet wird, so müssen im Fall der ursprünglichen Anfrage 10000 Pfadsuchen durchgeführt werden. Bei der optimierten Variante sind nur 100 Pfadsuchen nötig zuzüglich zu 10000 Tests auf Enthaltensein in der Menge der erreichbaren Knoten.

Es ist anzumerken, dass die Kosteneinsparung dieser Transformation abhängig von der Reihenfolge der Deklarationen der Variablen, die im Start- und Zielausdruck verwendet werden, ist. Würde in obiger Anfrage b vor a deklariert, so würde sich nicht der Wert von b, sondern der von a in jeder Iteration ändern. Deshalb müsste das ForwardVertexSet a --> ebenfalls in jeder Iteration neu berechnet werden, und somit würden die Auswertungskosten jene der ursprünglichen Anfrage sogar noch übersteigen, weil ein ForwardVertexSet aufwändiger auszuwerten ist als ein Pfadexistenz-Prädikat. Stattdessen könnte die PathExistence aber in eine contains-Funktionsanwendung mit BackwardVertexSet --> b, also contains(--> b, a), transformiert werden, womit wieder eine Kostenreduzierung verbunden wäre.

Im Folgenden wird beschrieben, wie der PathExistenceOptimizer entscheidet, ob und wie ein PathExistence-Knoten transformiert wird.

4.8.2. Die Transformation

Der PathExistenceOptimizer iteriert über alle PathExistence-Knoten und übergibt sie an die Methode

```
void maybeTransformPathExistence(PathExistence pe),
```

welche entscheidet, ob und wie das gegebene Pfadexistenz-Prädikat zu transformieren ist. Ihr Algorithmus ist in Listing 4.22 auf der folgenden Seite angegeben.

In den Zeilen 2 und 3 werden die beiden Expressions extrahiert, welche zum Start- bzw. Zielknoten der gegebenen PathExistence evaluieren.

Danach werden in den Zeilen 5 bis 15 für jede dieser Expressions die Menge der darin benutzten Variables berechnet. Diese Mengen werden sortiert nach der Deklarationsreihenfolge der Variablen. Die dafür verwendete Methode isDeclaredBefore() wird später noch genauer erläutert.

Falls sowohl Start- als auch Zielausdruck von keiner Variable abhängen, werden beide nur jeweils einmal berechnet. Dann ist eine Transformation nicht sinnvoll, denn ein

```
1    void maybeTransformPathExistence(PathExistence pe) {
2      Expression startExp = getStartExpression(pe);
3      Expression targetExp = getTargetExpression(pe);
4
5      Comparator<Variable> comparator = new Comparator<Variable>() {
6        public int compare(Variable v1, Variable v2) {
7          if (v1 == v2) return 0;
8          if (isDeclaredBefore(v1, v2)) return -1;
9          return 1;
10       }
11     };
12     TreeSet<Variable> startExpVars = new TreeSet<Variable>(comparator);
13     startExpVars.addAll(collectVariablesBelow(startExp));
14     TreeSet<Variable> targetExpVars = new TreeSet<Variable>(comparator);
15     targetExpVars.addAll(collectVariablesBelow(targetExp));
16
17     if (startExpVars.isEmpty() && targetExpVars.isEmpty()) return;
18
19     if (startExpVars.isEmpty()
20         || (!targetExpVars.isEmpty()
21             && isDeclaredBefore(startExpVars.last(),
22                                 targetExpVars.last()))) {
23       replacePathExistenceWithContainsFunApp(pe, startExp,
24                                              targetExp, true);
25     } else if (targetExpVars.isEmpty()
26         || (!startExpVars.isEmpty()
27             && isDeclaredBefore(targetExpVars.last(),
28                                 startExpVars.last()))) {
29       replacePathExistenceWithContainsFunApp(pe, targetExp,
30                                              startExp, false);
31     }
32   }
```

Listing 4.22: Algorithmus zur Entscheidung, ob und wie transformiert wird

Pfadexistenz-Prädikat der Form `constantExpr1 --> constantExpr2` ist schneller auswertbar als `contains(constantExpr1 -->, constantExpr2)`, weil die zugehörige GREQL2-Funktion `reachableVertices`, welche zur Auswertung eines `ForwardVertexSet`- bzw. `BackwardVertexSet`-Knotens genutzt wird, aufwändiger ist als die zur Berechnung einer `PathExistence` zuständige Funktion `isReachable`. Das ist leicht einzusehen, da `isReachable` abbricht, wenn der gegebene Zielknoten mittels des DFAs vom Startknoten aus erreichbar ist, während `reachableVertices` alle vom Startknoten aus erreichbaren Knoten berechnen muss.

Ab Zeile 19 wird dann die Entscheidung getroffen, ob und wie die `PathExistence` in eine `contains`-Funktionsanwendung transformiert werden soll.

Ist der Startausdruck konstant, d.h. er hängt von keiner Variable ab, oder ist die zuletzt deklarierte Variable des Startausdrucks vor der zuletzt deklarierten Variable des Zielausdrucks deklariert, ist es sinnvoll, das Pfadexistenz-Prädikat in eine `contains`-Funktionsanwendung zu transformieren. In diesem Fall wird das erste Argument der Funktionsanwendung ein `ForwardVertexSet` bestehend aus `startExp` und der `Path`-

`Description` des `PathExistence`-Knotens. Das zweite Argument wird `targetExp`. Die Transformation wird durch den Methodenaufruf in Zeile 23 realisiert.

Ist hingegen der Zielausdruck konstant oder ist die als letztes deklarierte Variable des Zielausdrucks vor der als letztes deklarierten Variable des Startausdrucks deklariert, so ist eine Transformation der `PathExistence` in eine `contains`-Funktionsanwendung ebenfalls sinnvoll. In diesem Fall wird das erste Argument der Funktionsanwendung ein `Backward-VertexSet` bestehend aus `targetExp` und der `PathDescription` des `PathExistence`-Knotens. Das zweite Argument von `contains` wird `startExp`. Die Transformation wird durch den Methodenaufruf in Zeile 29 realisiert.

Es existieren zwei Fälle, in denen ein Pfadexistenz-Prädikat nicht transformiert wird. Das sind zum einen solche, deren Start- und Zielausdruck nicht von Variablen abhängen, zum anderen sind es solche, bei denen die am häufigsten iterierte Variable des Startausdrucks gleichzeitig die am häufigsten iterierte Variable des Zielausdrucks ist.

Die Methode

```
void replacePathExistenceWithContainsFunApp(
        PathExistence pe,
        Expression startOrTargetExp,
        Expression otherExp,
        boolean forward)
```

realisiert die Transformation eines Pfadexistenz-Prädikats. Ihr Algorithmus ist in Listing 4.23 auf der nächsten Seite aufgeführt.

Zunächst werden in den Zeilen 4 bis 9 alle Kanten, welche vom Pfadexistenz-Prädikat auslaufen, gesammelt. Diese müssen später umgebogen werden, so dass sie an der `contains`-FunctionApplication beginnen.

Danach wird in den Zeilen 10 bis 12 die Funktionsanwendung mitsamt ihrer `FunctionId` erzeugt und verbunden.

Falls der boolsche Parameter `forward` `true` ist, so wird in Zeile 16 ein `ForwardVertex-Set` erzeugt und `startOrTargetExp` als Startausdruck zugewiesen. Ansonsten wird ein `BackwardVertexSet` mit `startOrTargetExp` als Zielausdruck erzeugt.

Als nächstes wird in den Zeilen 23 bis 25 die Pfadbeschreibung des `PathExistence`-Knotens dem erzeugten `ForwardVertexSet` bzw. `BackwardVertexSet` zugewiesen. Zudem wird dieses als erstes Argument der `contains`-Funktionsanwendung gesetzt, das zweite Argument wird `otherExp`.

Zuletzt werden die Startknoten der von der `PathExistence` auslaufenden Kanten auf die neue Funktionsanwendung gesetzt und die Pfadexistenz gelöscht.

```
1    void replacePathExistenceWithContainsFunApp(
2              PathExistence pe, Expression startOrTargetExp,
3              Expression otherExp, boolean forward) {
4      Edge inc = pe.getFirstEdge(EdgeDirection.OUT);
5      Set<Edge> edgesToRelink = new HashSet<Edge>();
6      while (inc != null) {
7        edgesToRelink.add(inc);
8        inc = inc.getNextEdge(EdgeDirection.OUT);
9      }
10     FunctionApplication cont = syntaxgraph.createFunctionApplication();
11     FunctionId contId = findOrCreateFunctionId("contains", syntaxgraph);
12     syntaxgraph.createIsFunctionIdOf(contId, cont);
13
14     PathExpression vertexSet;
15     if (forward) {
16       vertexSet = syntaxgraph.createForwardVertexSet();
17       syntaxgraph.createIsStartExprOf(startOrTargetExp, vertexSet);
18     } else {
19       vertexSet = syntaxgraph.createBackwardVertexSet();
20       syntaxgraph.createIsTargetExprOf(startOrTargetExp, vertexSet);
21     }
22
23     syntaxgraph.createIsPathOf(getPathExpression(pe), vertexSet);
24     syntaxgraph.createIsArgumentOf(vertexSet, cont);
25     syntaxgraph.createIsArgumentOf(otherExp, cont);
26
27     for (Edge edge : edgesToRelink)
28       edge.setAlpha(cont);
29     pe.delete();
30   }
```

Listing 4.23: Der Algorithmus der Transformation

Damit ist die Transformation abgeschlossen. Es wird jedoch noch ein Blick auf den Algorithmus geworfen, der testet, ob eine Variable vor einer anderen Variable deklariert ist. Das wird durch die Methode

```
boolean isDeclaredBefore(Variable var1, Variable var2)
```

implementiert, deren Algorithmus in Listing 4.24 angegeben ist.

Die Methode testet, ob eine gegebene Variable vor einer zweiten gegebenen Variable deklariert wird, indem sie Folgendes überprüft.

1. Sind beide Variablen identisch, so wird false zurückgegeben.

2. Werden beide Variablen in derselben SimpleDeclaration deklariert, so ist die Reihenfolge der IsDeclaredVarOf-Kanten ausschlaggebend.

3. Werden beide Variablen in derselben Declaration deklariert, jedoch in verschiedenen SimpleDeclarations, so ist die Reihenfolge der IsSimpleDeclOf-Kanten ausschlaggebend.

```
1    boolean isDeclaredBefore(Variable var1, Variable var2) {
2      if (var1 == var2) return false;                           // (1)
3
4      SimpleDeclaration sd1 = getSimpleDeclaration(var1);
5      SimpleDeclaration sd2 = getSimpleDeclaration(var2);
6      Declaration decl1 = getDeclaration(sd1);
7      Declaration decl2 = getDeclaration(sd2);
8
9      if (decl1 == decl2) {
10       if (sd1 == sd2) {                                         // (2)
11         IsDeclaredVarOf inc = sd1.getFirstIsDeclaredVarOf(IN);
12         while (inc != null) {
13           if (inc.getAlpha() == var1) return true;
14           if (inc.getAlpha() == var2) return false;
15           inc = inc.getNextIsDeclaredVarOf(IN);
16         }
17       } else {                                                  // (3)
18         IsSimpleDeclOf inc = decl1.getFirstIsSimpleDeclOf(IN);
19         while (inc != null) {
20           if (inc.getAlpha() == sd1) return true;
21           if (inc.getAlpha() == sd2) return false;
22           inc = inc.getNextIsSimpleDeclOf(IN);
23         }
24       }
25     } else {                                                    // (4, 5)
26       if (isAbove(getParent(decl1), getParent(decl2))) return true;
27       else return false;
28     }
29   }
```

Listing 4.24: Test, ob die Variable var1 vor der Variable var2 deklariert ist

4. Werden beide Variablen in verschiedenen Declarations deklariert, so ist die Verschachtelung der Vaterknoten der Deklarationen ausschlaggebend.

5. Werden beide Variablen in verschiedenen Declarations deklariert, die im Syntaxgraphen nebeneinander liegen, d.h. var1 und var2 liegen in disjunkten Gültigkeitsbereichen, so wird false zurückgegeben. Dieser Fall kann in dieser Transformation nicht auftreten, jedoch soll er der Vollständigkeit halber erwähnt werden.

4.8.3. Einige Beispiele

Zuletzt soll die Arbeitsweise der Transformation noch an einigen Beispielen demonstriert werden.

Beispiel 9: In der folgenden Anfrage können alle `PathExistence`-Knoten durch `contains`-Funktionsanwendungen ersetzt werden. Als erstes Argument wird jeweils ein `ForwardVertexSet`, bestehend aus dem Startausdruck der entsprechenden `PathExistence` und ihrer Pfadbeschreibung, verwendet. Der Zielausdruck der `PathExistence` wird zum zweiten Argument.

```
1   from a : list(1, 3, 5),
2        b : list(6, 8, 10),
3        c : list(17, 21, 23)
4   with getVertex(9)       <->    getVertex(a)        and
5        getVertex(a)       -->^T getVertex(b + 1) and
6        getVertex(a + b) -->*   getVertex(c - b)
7   reportSet a, b, c
8   end
```

Als optimierte Anfrage erhält man:

```
1   from a : list(1, 3, 5),
2        b : list(6, 8, 10),
3        c : list(17, 21, 23)
4   with contains(getVertex(9) <->,       getVertex(a))       and
5        contains(getVertex(a) -->^T,      getVertex(b + 1)) and
6        contains(getVertex(a + b) -->*, getVertex(c - b))
7   reportSet a, b, c
8   end
```

Beispiel 10: Analog zum vorherigen Beispiel können in der folgenden Anfrage alle Pfadexistenz-Knoten transformiert werden. Jedoch bilden diesmal drei `BackwardVertexSets`, bestehend aus dem Zielausdruck des entsprechenden Pfadexistenz-Prädikats und ihrer Pfadbeschreibung, das erste Argument von `contains`. Als zweites Argument wird der Startausdruck des `PathExistence`-Knotens verwendet.

```
1   from a : list(1, 3, 5),
2        b : list(6, 8, 10),
3        c : list(17, 21, 23)
4   with getVertex(a)     <->    getVertex(17) and
5        getVertex(b+1) -->^T getVertex(a)   and
6        getVertex(c-b) -->*   getVertex(a+b)
7   reportSet a, b, c
8   end
```

Damit wird die Anfrage optimiert zu:

```
1   from a : list(1, 3, 5),
2        b : list(6, 8, 10),
3        c : list(17, 21, 23)
4   with contains(<-> getVertex(17),   getVertex(a))       and
```

```
5        contains(-->^T getVertex(a),   getVertex(b+1)) and
6        contains(-->* getVertex(a+b), getVertex(c-b))
7    reportSet a, b, c
8    end
```

Beispiel 11: Im nun folgenden letzten Beispiel können keine PathExistence-Knoten transformiert werden, ohne dass der Auswertungsaufwand steigt. Deshalb wird der Syntaxgraph der Anfrage vom PathExistenceOptimizer nicht verändert.

```
1    from a : list(1, 3, 5),
2         b : list(6, 8, 10),
3         c : list(18, 21, 23)
4    with getVertex(11)      <->  getVertex(17) and // (1)
5         getVertex(c - a) -->^T getVertex(c)  and // (2)
6         getVertex(a + b) -->*  getVertex(b - a)  // (3)
7    reportSet a, b, c
8    end
```

Das erste Pfadexistenz-Prädikat wird nicht transformiert, weil sein Start- und Zielausdruck konstant ist. Beim zweiten und dritten Pfadexistenz-Prädikat müssen Start- und Zielausdruck gleich oft ausgewertet werden. Hier macht eine Transformation ebenfalls keinen Sinn, da das bei der Transformation entstehende Forward- bzw. BackwardVertexSet genauso oft wie die Pfadexistenz ausgewertet werden müsste, die Auswertungskosten aber höher sind.

4.9. Die Transformation "Variablendeklarationen anordnen"

Die Reihenfolge, in welcher die Variablen einer Deklaration deklariert sind, kann einen erheblichen Effekt auf die Kosten der Auswertung haben. Um diesen Sachverhalt zu verdeutlichen, soll folgende Anfrage betrachtet werden.

```
1   from a : list(1..10),
2        b : list(1..20)
3   with a < 7 and isPrime(b)
4   report a, b
5   end
```

Es sei angemerkt, dass der EarlySelectionOptimizer aus Abschnitt 4.7 durch das Vorziehen der beiden voneinander unabhängigen Prädikate die Auswertungskosten drastisch reduziert. Eine solche Unabhängigkeit ist jedoch nicht immer gegeben. Um die Beispiele kurz und verständlich zu halten, wird diese Transformationsmöglichkeit hier außer Acht gelassen.

Die Kosten für die GREQL2-Funktion leThan (<) betragen 5, jene für and 2 und jene für isPrime 50 Interpretationsschritte (IS). Eine Variablenauswertung kostet eigentlich ebenfalls einen IS, genauso der Zugriff auf bereits berechnete Werte. Aus Gründen der Einfachheit und Nachvollziehbarkeit, werden diese Kosten hier vernachlässigt.

Ist wie oben a vor b deklariert, so ergeben sich folgende Kosten:

Die Funktionsanwendung a < 7 muss nur zehn mal berechnet werden, weil a nur alle 20 Schritte seinen Wert ändert.

Dagegen muss isPrime(b) bei jeder Iteration, also 200 mal, neu berechnet werden, weil b immer seinen Wert ändert.

Da das rechte Argument der and-Funktionsanwendung in jedem Schritt neu berechnet wird, muss selbiges auch für die Funktionsanwendung gelten.

Damit ergeben sich für die Auswertung folgende Kosten:

$$
\begin{aligned}
costs &= costs_{a<7} + costs_{isPrime(b)} + costs_{and} \\
&= 10 \cdot 5 \, IS + 200 \cdot 50 \, IS + 200 \cdot 2 \, IS \\
&= 10450 \, IS
\end{aligned}
$$

Vertauscht man die Deklarationsreihenfolge von a und b, erhält man die folgende Query:

```
1   from b : list(1..20),
2        a : list(1..10)
3   with a < 7 and isPrime(b)
4   report a, b
5   end
```

Diesmal muss `isPrime(b)` nur 20 mal neu berechnet werden.
`a < 7` und die `and`-Funktionsanwendung müssen in jeder Iteration evaluiert werden.

Damit ergeben sich für die Auswertung mit umgekehrter Deklarationsreihenfolge folgende Kosten:

$$\begin{aligned} costs &= costs_{a<7} + costs_{isPrime(b)} + costs_{and} \\ &= 200 \cdot 5\,IS + 20 \cdot 50\,IS + 200 \cdot 2\,IS \\ &= 2400\,IS \end{aligned}$$

Die Summe der Kosten aller Constraints ist bei dieser Deklarationsreihenfolge demnach nur 2400 IS im Gegensatz zu 10450 IS, was einer Kostenersparnis um mehr als den Faktor vier entspricht.

Der `VariableDeclarationOrderOptimizer` ordnet alle Variablen einer Deklaration in einer Reihenfolge an, bei der Variablen, bei denen eine Wertänderung in großen Neuauswertungskosten resultiert, möglichst weit außen deklariert werden. Sind die Kosten zweier Variablen gleich, so wird jene, die an weniger Werte gebunden wird, vor der anderen deklariert.

Dass die Anordnung nach Neuauswertungskosten sinnvoll ist, hat bereits obiges Beispiel gezeigt. Ändert sich der Wert von a, sind `a < 7` und `and` neu zu berechnen, was in Kosten von $5 + 2 = 7$ IS resultiert. Ändert sich hingegen der Wert von b, so werden Neuberechnungen von `and` und `isPrime(b)` fällig. Hier sind die Kosten mit $2 + 50 = 52$ IS deutlich höher, weshalb b vor a deklariert werden sollte.

Dass bei gleichen Neuauswertungskosten die Anzahl der Werte, an welche die Variablen gebunden werden können, ebenfalls Berücksichtigung finden müssen, soll an einem weiteren Beispiel demonstriert werden.

```
1  from a : list(1..100),
2       b : list(1..10)
3  with isPrime(a) and isPrime(b)
4  report a, b
5  end
```

Egal ob sich der Wert von a oder b ändert, sind jedesmal `and` und eine der `isPrime`-Funktionsanwendungen neu zu berechnen, und somit sind die Neuauswertungskosten von a gleich denen von b.

Deshalb sollen nun wieder die Gesamtkosten der Auswertungen der Constraint betrachtet werden. Bei obiger Deklarationsreihenfolge muss `isPrime(a)` 100 mal, die beiden Funktionsanwendungen `and` und `isPrime(b)` jeweils 1000 mal berechnet werden.

Damit erhält man für die Deklarationsreihenfolge a vor b diese Gesamtkosten:

$$\begin{aligned} costs &= costs_{isPrime(a)} + costs_{and} + costs_{isPrime(b)} \\ &= 100 \cdot 50\,IS + 1000 \cdot 2\,IS + 1000 \cdot 50\,IS \\ &= 57000\,IS \end{aligned}$$

Nun wird die Berechnung noch einmal mit vertauschter Deklarationsreihenfolge durchgeführt.

```
1   from b : list(1..10),
2        a : list(1..100)
3   with isPrime(a) and isPrime(b)
4   report a, b
5   end
```

Die Funktionsanwendungen isPrime(a) und and müssen in jeder Iteration neu berechnet
werden. Dafür ist isPrime(b) diesmal nur zehn mal zu berechnen.

$$
\begin{aligned}
costs &= costs_{isPrime(a)} + costs_{and} + costs_{isPrime(b)} \\
&= 1000 \cdot 50\,IS + 1000 \cdot 2\,IS + 10 \cdot 50\,IS \\
&= 52500\,IS
\end{aligned}
$$

Die Gesamtkosten belaufen sich diesmal nur auf 52500 IS, also 4500 IS weniger als in
der ursprünglichen Anfrage.

4.9.1. Die Transformation

Der in Listing 4.25 dargestellte Algorithmus des VariableDeclarationOrderOptimizers beschreibt, wie dieser die Variablendeklarationen der Declaration-Knoten eines
gegebenen Syntaxgraphen anordnet.

Zunächst wird in den Zeilen 2 bis 6 ein GraphSize-Objekt beschafft, das später bei der
Kostenberechnung benötigt wird. Falls ein Datengraph vorhanden ist, wird es aus diesem
generiert. Ansonsten wird ein Objekt mit Standardwerten benutzt. Da die Kostenberech-
nungen über die Knotenauswerter an ein entsprechendes Kostenmodell delegiert werden,
wird zusätzlich eine Referenz auf den GraphMarker des GreqlEvaluators, der die Knoten des Syntaxgraphen auf ihre VertexEvaluators abbildet, beschafft.

Die Liste unitsList sammelt zu jeder Deklaration des Anfragegraphen eine Liste von
VariableDeclarationOrderUnits. Diese können die Kosten, die eine Wertänderung
einer Variablen nach sich zieht, berechnen und bilden somit den Kern des Algorithmus.
Auf die Realisierung wird im Anschluss noch detailliert eingegangen.

Ab Zeile 11 wird dann über alle Declaration-Knoten des Anfragegraphen iteriert.

Für jede Deklaration werden die in ihr deklarierten Variablen berechnet (Zeile 14). Falls
sie weniger als zwei Variablen deklariert oder keine Constraints besitzt, so ist nichts zu
tun, und der Algorithmus fährt bei der nächsten Declaration fort.

Ansonsten wird für jede deklarierte Variable ein VariableDeclarationOrderUnit-Ob-
jekt erzeugt und in einer Liste gesammelt. Dem Konstruktor wird die entsprechende Variable, die Deklaration und die oben beschafften GraphMarker<VertexEvaluator>- und
GraphSize-Objekte übergeben.

Wenn für alle in dieser Declaration deklarierten Variablen eine Variablendeklarationseinheit erzeugt wurde, werden diese der unitsList hinzugefügt (Zeile 23).

```
 1   void runOptimization() throws OptimizerException {
 2     GraphSize graphSize;
 3     if (greqlEvaluator.getDatagraph() != null)
 4       graphSize = new GraphSize(greqlEvaluator.getDatagraph());
 5     else
 6       graphSize = getDefaultGraphSize();
 7     GraphMarker<VertexEvaluator> marker
 8         = greqlEvaluator.getVertexEvaluatorGraphMarker();
 9     ArrayList<List<VariableDeclarationOrderUnit>> unitsList
10         = new ArrayList<List<VariableDeclarationOrderUnit>>();
11     for (Declaration decl : syntaxgraph.getDeclarationVertices()) {
12       List<VariableDeclarationOrderUnit> units
13           = new ArrayList<VariableDeclarationOrderUnit>();
14       Set<Variable> varsOfDecl = collectVariablesDeclaredBy(decl);
15       if (varsOfDecl.size() < 2
16           || decl.getFirstIsConstraintOf(EdgeDirection.IN) == null)
17         continue;
18
19       for (Variable var : varsOfDecl) {
20         units.add(new VariableDeclarationOrderUnit(var, decl,
21                                      marker, graphSize));
22       }
23       unitsList.add(units);
24     }
25
26     Set<SimpleDeclaration> oldSDs = new HashSet<SimpleDeclaration>();
27     for (List<VariableDeclarationOrderUnit> units : unitsList) {
28       Collections.sort(units);
29       for (VariableDeclarationOrderUnit unit : units) {
30         oldSDs.add(unit.getSimpleDeclarationOfVariable());
31         marker.deleteMark(unit.getSimpleDeclarationOfVariable());
32         Variable var = unit.getVariable();
33         SimpleDeclaration newSD = syntaxgraph.createSimpleDeclaration();
34         syntaxgraph.createIsDeclaredVarOf(var, newSD);
35         syntaxgraph.createIsTypeExprOfDeclaration(
36             unit.getTypeExpressionOfVariable(), newSD);
37         syntaxgraph.createIsSimpleDeclOf(newSD,
38             unit.getDeclaringDeclaration());
39         marker.mark(newSD,
40             new SimpleDeclarationEvaluator(newSD, greqlEvaluator));
41       }
42     }
43     for (SimpleDeclaration sd : oldSDs) sd.delete();
44   }
```

Listing 4.25: Der Algorithmus des VariableDeclarationOrderOptimizers

Ab Zeile 27 wird über die Listen der Variablendeklarationseinheiten in unitsList iteriert. Zuerst werden sie mittels der statischen Methode Collections.sort() sortiert,
welche für beliebige Collections mit vergleichbaren Elementen definiert ist. Daher
implementiert VariableDeclarationOrderUnit das Interface Comparable. Danach ist
die Reihenfolge so, wie in der Motivation eingeführt.

- Variablen (bzw. die entsprechende `VariableDeclarationOrderUnit`), bei denen eine Wertänderung große Neuberechnungskosten in den Constraints der entsprechenden `Declaration` verursachen, werden vor jenen mit geringeren Kosten einsortiert.

- Werden zwei Variablen die gleichen Neuberechnungskosten zugeordnet, so wird die Variable, welche an weniger Elemente gebunden wird, vor der anderen einsortiert.

Ab Zeile 29 wird dann über die sortierten `VariableDeclarationOrderUnits` iteriert. Die ursprünglichen `SimpleDeclarations`, welche die zugeordneten Variablen deklarieren, werden in der Menge `oldSDs` gesammelt und später in Zeile 43 gelöscht. Zudem werden ihre `GraphMarker`-Einträge entfernt (Zeile 31). An ihre Stelle treten neu erzeugte `SimpleDeclarations`, die in den Zeilen 33 bis 37 erzeugt und mit ihren Nachbarknoten verbunden werden.

Zuletzt werden in Zeile 39 neue Auswerter für die erzeugten `SimpleDeclaration`-Knoten erzeugt und im `marker` gespeichert.

Wie bereits erwähnt, implementiert `VariableDeclarationOrderUnit` das Interface `Comparable`, welches die Definition der Methode

    public int compareTo(Object o)

vorschreibt, deren Code in Listing 4.26 abgedruckt ist. Beim Sortieren mit `Collections‑.sort()` werden jeweils zwei `VariableDeclarationOrderUnit`-Objekte mit dieser Methode verglichen.

```
1   public int compareTo(VariableDeclarationOrderUnit o) {
2     if (getVariableValueChangeCosts() < o.getVariableValueChangeCosts())
3       return 1;                                                   // (1)
4     if (getVariableValueChangeCosts() > o.getVariableValueChangeCosts())
5       return -1;                                                  // (2)
6
7     int thisCard = getTypeExpressionCardinality();                // (3)
8     int otherCard = o.getTypeExpressionCardinality();
9     if (thisCard > otherCard) return 1;                           // (3a)
10    if (thisCard < otherCard) return -1;                          // (3b)
11    return 0;                                                     // (3c)
12  }
```

Listing 4.26: Die `compareTo()`-Methode von `VariableDeclarationOrderUnit`

Unterscheiden sich die Neuberechnungskosten bei Wertänderung der zugeordneten Variablen, so werden Variablen, deren Kosten höher sind, vor jenen mit niedrigeren Kosten einsortiert (1 und 2).

Falls Wertänderungen der beiden Variablen der `VariableDeclarationOrderUnits` in den gleichen Neuberechnungskosten resultieren (3), so wird die Reihenfolge durch die Kardinalität der Wertemenge der Variable bestimmt. Es wird die Variablendeklarationseinheit, deren Variable an weniger Werte gebunden werden kann, vor der Anderen einsortiert (3a und 3b). Sind die Kardinalitäten der Wertemenge hingegen gleich (3c), so kann keine Aussage bezüglich der Reihenfolge gemacht werden. Da `Collections.sort()` eine stabile Sortierung vornimmt, wird die Reihenfolge in diesem Fall nicht verändert.

Nun wird erläutert, wie die Kosten, die bei einer Wertänderung einer Variable anfallen, berechnet werden.

Sobald ein `VariableDeclarationOrderUnit`-Objekt erzeugt wird, bestimmt es alle Knoten in den Constraints der Deklaration, die abhängig von der zugeordneten Variable sind. Dafür wird für jeden Knoten, der über eine `IsContraintOf`-Kante mit der entsprechenden `Declaration` verbunden ist, die Methode

> **void** addDependentVerticesBelow(Vertex vertex)

aufgerufen, deren Code in Listing 4.27 wiedergegeben ist.

```
 1   void addDependentVerticesBelow(Vertex vertex) {
 2     if (vertexEvalMarker.getMark(vertex) != null
 3          && isAbove(vertex, variable)) {
 4       dependentVertices.add(vertex);
 5       Edge inc = vertex.getFirstEdge(EdgeDirection.IN);
 6       while (inc != null) {
 7         addDependentVerticesBelow(inc.getAlpha());
 8         inc = inc.getNextEdge(EdgeDirection.IN);
 9       }
10     }
11   }
```

Listing 4.27: Das Sammeln von Knoten, die bei Wertänderung von `variable` neu berechnet werden müssen

Falls der gegebene Knoten `vertex` ein Knoten ist, für den ein Auswerter existiert und wenn er über einen vorwärts gerichteten Pfad von der Variable der `VariableDeclarationOrderUnit` erreichbar ist, so wird er der Menge `dependentVertices` der abhängigen Knoten dieser Variable hinzugefügt.

Die Neuberechnungskosten ergeben sich dann als Summe der eigenen Kosten der abhängigen Knoten (vgl. Listing 4.28).

```
 1   int calculateVariableValueChangeCosts() {
 2     int costs = 0;
 3     for (Vertex vertex : dependentVertices) {
 4       VertexEvaluator eval = vertexEvalMarker.getMark(vertex);
 5       costs += eval.getOwnEvaluationCosts(graphSize);
 6     }
 7     return costs;
 8   }
```

Listing 4.28: Die Berechnung der Neuberechnungskosten

Die eigenen Kosten werden über die `VertexEvaluator`-Methode `getOwnCosts()` abgefragt, welche die Anfrage an das benutzte Kostenmodell delegiert.

Dasselbe gilt für die in Listing 4.29 abgedruckte Methode. Diese berechnet die Anzahl der Werte, an welche die Variable der `VariableDeclarationOrderUnit` gebunden werden kann.

```
1   int calculateTypeExpressionCardinality() {
2       VertexEvaluator veval
3           = vertexEvalMarker.getMark(typeExpressionOfVariable);
4       return veval.getEstimatedCardinality(graphSize);
5   }
```

Listing 4.29: Die Berechnung der Kardinalität der Wertemenge der Variable

Da im Zuge der Sortierung mit `Collections.sort()` die Neuberechnungskosten und die Kardinalität der Wertemenge mehrfach abgefragt werden kann, werden diese Werte nur einmal berechnet und in Member-Variablen gespeichert. Danach wird immer auf den bereits berechneten Wert zurück gegriffen. Dazu existieren die beiden Methoden aus Listing 4.30, die statt mit `calculate` mit `get` beginnen und die bereits aus Listing 4.26 bekannt sind.

```
1    int getVariableValueChangeCosts() {
2        if (variableValueChangeCosts == Integer.MIN_VALUE)
3            variableValueChangeCosts = calculateVariableValueChangeCosts();
4        return variableValueChangeCosts;
5    }
6
7    int getTypeExpressionCardinality() {
8        if (typeExpressionCardinality == Integer.MIN_VALUE)
9            typeExpressionCardinality = calculateTypeExpressionCardinality();
10       return typeExpressionCardinality;
11   }
```

Listing 4.30: Die Getter für Neuberechnungskosten und Kardinalität der Wertemenge einer Variable

Nachdem die Transformation abgeschlossen ist, wird noch einmal der `MergeSimpleDeclarationsOptimizer` aus Abschnitt 4.6 auf den Syntaxgraphen angewendet, denn die Transformation erzeugt eine `SimpleDeclaration` pro Variable, was bei Variablen, die den gleichen Wertemengenausdruck besitzen, nicht nötig ist.

Es sei angemerkt, dass die Transformation "Variablendeklarationen anordnen" möglichst vor der Transformation "`PathExistence`-Knoten in Funktionsanwendungen wandeln" aus Abschnitt 4.8 durchgeführt werden sollte, da Letztere von der Reihenfolge der Variablendeklarationen abhängt.

4.9.2. Ein Beispiel

Auch beim folgenden Beispiel wird die Transformation "Variablendeklarationen anordnen" isoliert von anderen Transformationen betrachtet.

```
1   from a : V{Variable},
2        b : V,
3        c : V
4   with a --> c and b --> c and a <> b and inDegree(c) = 2
5   reportSet a, b, c
6   end
```

Listing 4.31: Eine Beispielanfrage zum VariableDeclarationOrderOptimizer

Beispiel 12: Es sei die Anfrage aus Listing 4.31 gegeben.

Ändert a seinen Wert, so müssen ein Pfadexistenz-Prädikat, zwei and- und eine nequals-Funktionsanwendung neu berechnet werden. Gleiches gilt für eine Wertänderung von b. Die Kosten sind jeweils 63 IS, allerdings hat die Wertemenge von b eine größere Kardinalität.

Bei einer Wertänderung von c müssen beide Pfadexistenz-Prädikate, alle drei and- und eine inDegree-Funktionsanwendung neu ausgewertet werden. Dazu werden 127 IS benötigt.

Daher wird die Deklarationsreihenfolge in c, a, b geändert.

Wird die Anfrage auf einem einfachen Datengraph mit 24 Knoten ausgewertet, so werden die Auswertungskosten der ursprünglichen Anfrage mit 49244 IS abgeschätzt. Nach der Umordnung der Variablendeklarationen beträgt der Schätzwert nur noch 12931 IS.

4.10. Die Transformation "Minimierung von logischen Formeln"

Ein `Declaration`-Knoten besitzt beliebig viele `Expression`-Knoten an seinen `isCon-straintOf`-Kanten. Jeder dieser Ausdrücke kann beliebig viele Prädikate, die durch die logischen Konnektoren `and`, `or` und `xor` verknüpft sind, enthalten. Bei der Auswertung wird jede dieser `Expressions` für jede mögliche Belegung, der in dieser Deklaration deklarierten Variablen, getestet. Nur Belegungen, die alle Prädikate erfüllen, werden an den darüberliegenden Knoten, z.b. eine `Comprehension` oder `QuantifiedExpression`, übergeben. Diese häufige Neuauswertung der Constraints ist ein wesentlicher Aufwands-faktor.

Die Transformation "Selektion so früh wie möglich" aus Abschnitt 4.7 kann oftmals die Situation deutlich verbessern, indem sie eine Deklaration derart umformt, dass die deklarierten Variablen direkt nur an Werte gebunden werden, welche die sie betreffende Constraints erfüllen. Dazu werden neue Unteranfragen erzeugt, die jeweils nur jene Constraints enthalten, die sich auf alle in der neuen `Declaration` deklarierten Variablen beziehen.

Diese Transformation funktioniert aber nur dann, wenn die verschiedenen Prädikate der Constraints unabhängig voneinander sind, d.h. als Konjunktionsketten vorliegen, und sich nur auf echte Untermengen der deklarierten Variablen beziehen. Beide Bedingungen sind nicht immer gegeben, so dass eine Minimierung der logischen Formel innerhalb der Cons-traint einer `Declaration` oft sinnvoll ist.

Das für diesen Zweck eingesetzte Verfahren ist die Pfad-Dissolution, welches in [MR93] von Neil Murray und Erik Rosenthal beschrieben wird. Die Dissolution ist eine Ab-leitungsregel für aussagenlogische Formeln in Negationsnormalform und zeichnet sich durch Äquivalenzerhaltung und Vollständigkeit aus.

Im Folgenden wird zuerst die Dissolution ganz allgemein und mittels einiger Beispiele beschrieben. In einem weiteren Abschnitt wird dann die Implementation innerhalb des GREQL2-Optimierers beleuchtet.

Da die Terminologie, welche in [MR93] von Neil Murray und Erik Rosenthal verwen-det wird, stark im Widerspruch zu der Terminologie im GREQL2-Umfeld steht, werden viele Begriffe entsprechend angepasst, so dass im Rahmen dieser Arbeit eine einheitliche Verwendung gegeben ist. Die folgenden Definitionen führen die Originalbegriffe nichts-destotrotz in Klammern ein, so dass sich dem interessierten Leser der Einstieg in [MR93] erleichtert wird.

4.10.1. Pfad-Dissolution

Die Pfad-Dissolution arbeitet auf Formeln, welche in einer besonderen Repräsentation dargestellt werden, nämlich als *semantische Graphen*. Diese und andere wichtige Begriffe werden im folgenden Unterabschnitt eingeführt.

4.10.1.1. Voraussetzungen

Definition 4. Ein semantischer Graph G ist ein Tripel (L, C, D). Dabei ist

- L eine Menge von Blättern (*Nodes*), wobei ein Blatt ein Auftreten eines Atoms x bzw. des negierten Atoms $\bar{x}$ repräsentiert,

- C eine Menge von c-Knoten (*c-arcs*), wobei ein c-Knoten eine Konjunktion zweier semantischer Graphen repräsentiert und

- D eine Menge von d-Knoten (*d-arcs*), wobei ein d-Knoten eine Disjunktion zweier semantischer Graphen repräsentiert.

Damit stellt ein semantischer Graph nichts anderes, als eine Binärbaumdarstellung einer Formel in Negationsnormalform (NNF) dar. Im folgenden Text werden deshalb die Begriffe semantischer Graph und Baum synonym verwendet.

In [MR93] verwenden Rosenthal und Murray eine spezielle grafische Repräsentation für semantische Graphen. Auch wenn diese hier nicht benutzt wird, stellt sie folgendes Beispiel der in diesem Kapitel benutzen Baumrepräsentation gegenüber.

Beispiel 13: Die Formel $G = ((a \lor b) \land c) \lor (\neg a \land (d \lor c))$ hat folgende Darstellung als semantischer Graph:

```
a ∨ b      ā
  ∧   ∨   ∧
  c      d ∨ c
```

Die Repräsentation als Binärbaum ist in folgender Abbildung dargestellt.

Jeder echte Subgraph eines semantischen Graphen wird *expliziter Subgraph* (*explicit subgraph*) genannt. Da bei der Dissolution auch Subgraphen, die keine echten Teilgraphen sind, eine Rolle spielen, wird diese Unterscheidung später noch wichtig. Besteht ein Graph aus den beiden Subgraphen X und Y, so nennt man diese *fundamentale Subgraphen*.

Im obigen Beispiel sind die beiden Konjunktionsknoten die fundamentalen Subgraphen von G.

Innere Knoten werden häufig in der Form $(X, Y)_\alpha$ notiert, wobei $\alpha \in \{c, d\}$ gilt und X und Y explizite Subgraphen sind.

Zwei Blätter x und y sind α-*verbunden* (α-*connected*), wenn ein Knoten $(X, Y)_\alpha$ existiert und x im Subgraphen X und y im Subgraphen Y liegt. Zwei Blätter sind also genau dann α-*verbunden*, wenn ihr nächster gemeinsamer Vater im Baum ein α-Knoten ist.

Im Graphen aus Beispiel 13 sind die beiden Blätter a und b d-verbunden, denn der sie verbindende Vaterknoten ist eine Disjunktion. d und $\bar{a}$ sind c-verbunden, denn ihr nächster gemeinsamer Vaterknoten ist eine Konjunktion.

Die wichtigsten Elemente der Dissolution sind *Pfade* (*paths*).

Definition 5. Sei $G = (L, C, D)$ ein semantischer Graph, dann ist die Menge seiner c-Pfade (*c-paths, conjunctive paths*) definiert als:

$$
\begin{aligned}
cpaths(l) &= \{\{l\}\}, \text{ falls } l \in L \\
cpaths(X \vee Y) &= cpaths(X) \cup cpaths(Y) \\
cpaths(X \wedge Y) &= \{x \cup y \mid x \in cpaths(X) \wedge y \in cpaths(Y)\}
\end{aligned}
$$

d-Pfade sind analog definiert.

Definition 6. Sei $G = (L, C, D)$ wieder ein semantischer Graph, dann ist die Menge seiner d-Pfade (*d-paths, disjunctive paths*) definiert als:

$$
\begin{aligned}
dpaths(l) &= \{\{l\}\}, \text{ falls } l \in L \\
dpaths(X \vee Y) &= \{x \cup y \mid x \in dpaths(X) \wedge y \in dpaths(Y)\} \\
dpaths(X \wedge Y) &= dpaths(X) \cup dpaths(Y)
\end{aligned}
$$

Diese beiden Definitionen sollen an einem Beispiel veranschaulicht werden.

Beispiel 14: Sei noch einmal der Baum aus Beispiel 13 gegeben. Um das mehrfach auftretende Atom c unterscheiden zu können, sind die entsprechenden Blätter nummeriert. Ebenfalls sind Operationsknoten nummeriert, um zu erkennen, auf welchen Teilbaum sich bezogen wird.

Die c- und d-Pfade des linken Teilbaumes berechnen sich wie folgt:

1. Ein Blatt hat nur die Menge, die ebendieses Blatt enthält, als c- bzw. d-Pfad. Also gilt

$$
cpaths(a) = \{\{a\}\} = dpaths(a),
$$

$$
cpaths(b) = \{\{b\}\} = dpaths(b).
$$

2. Bei einer Disjunktion enthält die neue c-Pfadmenge alle c-Pfade der beiden Subgraphen, und die d-Pfade ergeben sich durch Vereinigung von jeweils einem d-Pfad des linken und des rechten Unterbaums.

$$
cpaths(|_2) = \{\{a\}, \{b\}\}
$$

$$dpaths(|_2) = \{\{a,b\}\}$$

Für das Blatt c_1 gilt:

$$cpaths(c_1) = \{\{c_1\}\} = dpaths(c_1).$$

3. Bei einer Konjunktion enthält die neue d-Pfadmenge alle d-Pfade der beiden Subgraphen, und die c-Pfade ergeben sich durch Vereinigung von jeweils einem c-Pfad des linken mit einem des rechten Unterbaums.

$$cpaths(\&_1) = \{\{a,c_1\},\{b,c_1\}\}$$

$$dpaths(\&_1) = \{\{a,b\},\{c_1\}\}$$

Informell kann man einen c-Pfad als maximale Konjunktion der enthaltenen Blätter betrachten, d-Pfade entsprechend als maximale Disjunktion. Damit ist folgendes Lemma auch ohne Beweis sofort einsichtig.

Lemma 1. *Sei G ein semantischer Graph. Eine Interpretation I erfüllt (falsifiziert) G genau dann, wenn sie jedes Element eines beliebigen c-Pfades (d-Pfades) erfüllt (falsifiziert).*

Das wird um so klarer, wenn man bedenkt, dass eine Disjunktion aller c-Pfade der (nicht-kanonischen) disjunktiven Normalform (DNF) entspricht und eine Konjunktion aller d-Pfade der (ebenfalls nicht-kanonischen) konjunktiven Normalform (KNF).

Oftmals werden nicht-explizite Subgraphen betrachtet, die einen expliziten Subgraphen auf bestimmte Blätter einschränken. Es sei angemerkt, dass ein Bezeichner G im Folgenden sowohl einen semantischen Graphen als auch die Menge seiner Blätter bezeichnet, je nach dem, was der Kontext verlangt.

Definition 7. *Der Subgraph von G bezüglich der Knoten aus N*, wobei $G \cap N \neq \varnothing$ gilt, ist definiert als:

$$G_N = \begin{cases} G & \text{falls } N \supseteq G, \\ X_N & \text{falls } (X,Y)_\alpha \text{ der Wurzelknoten von } G \text{ ist und } N \cap Y = \varnothing, \\ Y_N & \text{falls } (X,Y)_\alpha \text{ der Wurzelknoten von } G \text{ ist und } N \cap X = \varnothing, \\ (X_N,Y_N)_\alpha & \text{ansonsten.} \end{cases}$$

Diese Definition wird mit Beispiel 15 verdeutlicht.

Beispiel 15: Sei G wieder der Graph aus Beispiel 13.

Dann ist $G_{\{a,\bar{a},d\}}$

```
        |
      /   \
     &     a
    / \
  ~a   d
```

der Subgraph von G bezüglich der Knotenmenge $\{a,\bar{a},d\}$.

Intuitiv wird G_H erzeugt, indem man alle Blätter streicht, die nicht in der Menge H liegen. Als Operationsknoten werden nur jene beibehalten, die jeweils nächster gemeinsamer Vaterknoten von Blättern aus H sind.

Eine besonders wichtige Art von Subgraphen sind Blöcke.

Definition 8. Ein *c-Block* C ist ein Subgraph eines semantischen Graphen G, für den gilt, dass jeder c-Pfad von G, der mindestens ein Blatt mit C gemeinsam hat, durch C verläuft.

Dabei verläuft ein c-Pfad p durch einen Subgraphen C, wenn die Blätter des Pfades, welche innerhalb des Subgraphen liegen (also $p \cap C$), wiederum einen c-Pfad in C bilden.

d-Blöcke sind analog definiert.

Definition 9. Ein Subgraph F ist ein *voller Block* (*full block*), wenn er sowohl c-Block als auch d-Block ist.

Diese Definitionen werden durch folgendes Beispiel erläutert.

Beispiel 16: Sei G folgender Baum:

```
                &
              /   \
            /  |    &
          /    |  |   \
        ~d2   ~e  &    ~b
                 / \
                |   |
              /  |  |  \
             &   d  &   &
            / | / | | \
           |  a ~a e ~c ~d1
          / \
         b   c
```

Dann ist $G_{\{b,c\}}$

```
        |
      /   \
     b     c
```

ein voller Block.

Der gesamte Graph G und $G_{\{b,c\}}$ enthalten folgende c- bzw. d-Pfade:

$$
\begin{aligned}
cpaths(G) &= \{\{\overline{b},a,\overline{a},\overline{e},e,b\},\{\overline{c},\overline{d_1},\overline{b},a,c,\overline{e}\},\{\overline{c},\overline{d_1},\overline{b},a,\overline{d_2},b\}, \\
&\quad \{\overline{c},\overline{d_1},\overline{b},a,\overline{d_2},c\},\{d,\overline{c},\overline{d_1},\overline{b},\overline{d_2}\},\{\overline{c},\overline{d_1},\overline{b},a,\overline{e},b\}, \\
&\quad \{\overline{b},a,\overline{d_2},\overline{a},e,b\},\{d,\overline{b},\overline{a},\overline{e},e\},\{\overline{b},a,\overline{d_2},\overline{a},c,e\}, \\
&\quad \{\overline{b},a,\overline{a},c,\overline{e},e\},\{d,\overline{b},\overline{d_2},\overline{a},e\},\{d,\overline{c},\overline{d_1},\overline{b},\overline{e}\}\} \\
dpaths(G) &= \{\{\overline{b}\},\{\overline{e},\overline{d_2}\},\{d,c,b\},\{\overline{a},\overline{c}\},\{\overline{d_1},e\},\{\overline{a},\overline{d_1}\},\{d,a\},\{\overline{c},e\}\} \\
cpaths(G_{\{b,c\}}) &= \{\{b\},\{c\}\} \\
cpaths(G_{\{b,c\}}) &= \{\{b,c\}\}
\end{aligned}
$$

Alle Pfade von G, die mindestens ein Blatt mit $G_{\{b,c\}}$ gemeinsam haben, sind hervorgehoben. Dabei existieren darunter nur c-Pfade, die entweder b oder c beinhalten. Da $\{b\}$ und $\{c\}$ die einzigen c-Pfade von $G_{\{b,c\}}$ sind, folgt, dass $G_{\{b,c\}}$ ein c-Block ist.

Der einzige d-Pfad von G, der ein Blatt von $G_{\{b,c\}}$ enthält, ist $\{d,c,b\}$. Weil $\{b,c\}$ ein d-Pfad von $G_{\{b,c\}}$ ist, folgt, dass $G_{\{b,c\}}$ ebenfalls ein d-Block ist.

Daher ist $G_{\{b,c\}}$ sogar ein voller Block.

Einige letzte Definitionen komplettieren die Voraussetzungen zur Analyse der Dissolution.

Definition 10. Eine *Kette (chain)* in einem semantischen Graphen ist eine Menge von *Links*. Dabei ist ein Link ein Paar bestehend aus einem Atom und dem selben Atom in negierter Form, wobei diese konjunktiv verbunden sein müssen.

Der Subgraph von G bezüglich einer Kette H, geschrieben G_H, ist der Subgraph von G bezüglich aller Blätter in H und wird *Ketten-Subgraph* genannt. Wie auch bei G steht H je nach Kontext für die Kette an sich oder die Menge von Blättern in H.

Ein semantischer Graph G wird von einer Kette H *aufgespannt*, wenn jeder c-Pfad durch G einen Link von H enthält. Spannt H ihren eigenen Ketten-Subgraphen G_H auf, so wird H *Resolutionskette (resolution chain)* genannt. Die bei der Dissolution benutzten Dissolutionsketten sind eine echte Unterklasse von Resolutionsketten.

Beispiel 17: Es sei der semantische Graph G

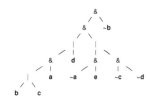

gegeben.

Die Kette $H_1 = \{\{a,\bar{a}\},\{d,\bar{d}\}\}$ ist keine Resolutionskette, denn ihr Ketten-Subgraph

enthält zwei c-Pfade, die keinen Link enthalten, nämlich $\{a,\bar{d}\}$ und $\{\bar{a},d\}$.
Im Gegensatz dazu hat der Ketten-Subgraph von $H_2 = \{\{b,\bar{b}\},\{c,\bar{c}\}\}$

nur die beiden c-Pfade $\{b,\bar{c},\bar{b}\}$ und $\{c,\bar{c},\bar{b}\}$, und beide enthalten einen Link
aus H_2. Also ist H_2 eine Resolutionskette.

4.10.1.2. Das Verfahren

Alle c-Pfade, die einen Link enthalten, sind nach Lemma 1 von Seite 119 unerfüllbar,
denn wie bereits gesagt, ist ein c-Pfad eine maximale Konjunktion, welche mit einem
Teilterm der Form $x \wedge \bar{x}$ unerfüllbar sein muss. Die Dissolution formt einen semantischen
Graphen G in einen äquivalenten Graphen FD um, bei dem alle unerfüllbaren c-Pfade
entfernt wurden.

Die c-Pfad-Erweiterung und das c-Pfad-Komplement Dazu sind zwei Begriffe von
entscheidender Bedeutung: die *c-Pfad-Erweiterung* (*c-path extension*) und das *c-Pfad-Komplement* (*c-path complement*).

Definition 11. Sei $G = (F_1,F_2)_\alpha$ ein semantischer Graph und H ein beliebiger Subgraph.
Dann ist die *c-Pfad-Erweiterung* von G bezüglich H wie folgt definiert.

$$
\begin{aligned}
CPE(\varnothing,G) &= \varnothing \\
CPE(G,G) &= G \\
CPE(H,G) &= \begin{cases} \bigvee_{i=1}^{n} CPE(H_{F_i},F_i) & \text{falls } G = (F_1,F_2)_d \\ \bigwedge_{i=1}^{k} CPE(H_{F_i},F_i) \wedge \bigwedge_{j=k+1}^{n} F_j & \text{falls } G = (F_1,F_2)_c \end{cases}
\end{aligned}
$$

Dabei sind $F_1,..,F_k$ die fundamentalen Subgraphen von G, die Blätter von H enthalten,
$F_{k+1},..,F_n$ sind jene, die keine Blätter von H enthalten. Der leere semantische Graph $\varnothing$
entspricht dem Literal `false`.

Für die c-Pfad-Erweiterung gilt folgendes Lemma:

Lemma 2. *Die c-Pfade von CPE(H, G) sind genau die c-Pfade von G, welche durch H verlaufen.*

Daraus folgt, dass $CPE(H, G)$ genau der Subgraph von G bezüglich der Menge von Blättern ist, welche in c-Pfaden enthalten sind, die durch H laufen.

Definition 12. Das *c-Pfad-Komplement* von $G = (F_1, F_2)_\alpha$ bezüglich H ist wie folgt definiert.

$$CC(\varnothing, G) = G$$
$$CC(G, G) = \varnothing$$
$$CC(H, G) = \begin{cases} \bigvee_{i=1}^{n} CC(H_{F_i}, F_i) & \text{falls } G = (F_1, F_2)_d \\ \bigwedge_{i=1}^{k} CC(H_{F_i}, F_i) \wedge \bigwedge_{j=k+1}^{n} F_j & \text{falls } G = (F_1, F_2)_c \end{cases}$$

Dabei sind $F_1, .., F_k$ wieder die fundamentalen Subgraphen von G, welche Blätter von H enthalten und $F_{k+1}, .., F_n$ jene, die kein Blatt von H enthalten.

Lemma 3. *Die c-Pfade von CC(H, G) sind genau die c-Pfade von G, die keine Knoten aus H enthalten.*

Es folgt, dass $CC(H, G)$ genau der Subgraph von G bezüglich der Menge von Blättern ist, welche in c-Pfaden enthalten sind, die H verfehlen, d.h. kein Blatt mit H gemein haben.

Beispiel 18: Es sei folgender semantische Graph G gegeben:

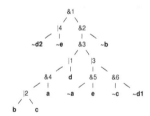

Dann ist $CPE(G_{\{a, \tilde{a}\}}, G)$, wobei $G_{\{a, \tilde{a}\}}$

ist, folgender Graph.

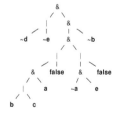

Im Wurzelknoten $\&_1$ enthält der linke Unterbaum kein Blatt aus $\{a,\bar{a}\}$, also wird er unverändert in die entstehende Konjunktion übernommen. Auf den rechten Unterbaum wird die c-Pfad-Erweiterung rekursiv angewendet.

Beim Knoten $\&_2$ wird der rechte Teilbaum übernommen, da er weder a noch $\bar{a}$ enthält. Auf den linken Teilbaum wird wieder *CPE* angewendet.

Beide Teilbäume von $\&_3$ enthalten jeweils ein Blatt aus $\{a,\bar{a}\}$. Deshalb wird für jeden Unterbaum die c-Pfad-Erweiterung bezüglich des enthaltenen Blattes gebildet und konjunktiv verknüpft.

Da $|_1$ ein Disjunktionsknoten ist, werden die c-Pfad-Erweiterungen beider Kindknoten disjunktiv verknüpft.

Der Unterbaum mit Wurzel $\&_4$ wird dabei übernommen, denn sein linker Teilbaum enthält a nicht und bleibt daher unverändert. Sein rechter Unterbaum ist gleich dem Graphen, auf den sich die *CPE* bezieht. Da $CPE(G, G) = G$ gilt, bleibt auch dieser Subgraph a bestehen.

Der rechte Unterbaum von $|_1$ wird wegen $CPE(\varnothing, G) = \varnothing$ zum leeren semantischen Graphen $\varnothing$.

Die Situation bei $|_3$ ist ähnlich. Hier wird der rechte Teilbaum zu $\varnothing$, weil er $\bar{a}$ nicht enthält. Der linke Teilbaum wird durch Anwendung der *CPE*-Definition übernommen.

Dieser Ergebnisgraph lässt sich noch vereinfachen, und man erhält diesen Ergebnisgraphen:

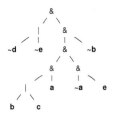

Die Dissolvente Bei der Dissolution wird zu einer gegebenen Kette ein semantischer Graph konstruiert, dessen c-Pfade genau jene sind, die nicht durch die Kette (bzw. deren Ketten-Subgraph) verlaufen. Dazu wird eine Disjunktion, die *Dissolvente*, erzeugt.

Die c-Pfade, welche die Kette verfehlen, können anhand der Art des Verfehlens partitioniert werden, und jedes Disjunkt der Dissolvente ist derart konstruiert, genau diejenigen c-Pfade einer dieser Partitionen zu enthalten.

Es sei darauf hingewiesen, dass diese Partitionierung nicht möglich ist, wenn der Ketten-Subgraph mehr als zwei c-Blöcke enthält. Beschränkt man sich bei der Dissolution auf Ketten mit genau einem Link, so ist sichergestellt, dass diese Resolutionsketten sind und ihr Ketten-Subgraph aus einem oder zwei c-Blöcken bestehen.

Sei nun H eine Resolutionskette im semantischen Graphen G und sei M der kleinste volle Block, der H enthält. Ist der Ketten-Subgraph G_H ein c-Block, so sind die c-Pfade von M, die nicht durch G_H laufen, genau jene von $CC(H,M)$.

Besteht G_H aus zwei c-Blöcken, die in zwei konjunktiv verbundenen, fundamentalen Subgraphen X und Y eines expliziten Subgraphen liegen, dann ist $M = (X,Y)_c$ der kleinste volle Block, der H enthält, und H_X und H_Y sind die beiden c-Blöcke. Ein c-Pfad durch M kann als $p_x p_y$ geschrieben werden und in vier Klassen eingeteilt werden, je nachdem ob p_z (mit $z \in \{x,y\}$) durch G_H verläuft oder G_H verfehlt. Die Dissolvente ist die Disjunktion der drei Klassen, für die p_x und p_y nicht beide durch den entsprechenden c-Block von G_H verlaufen und daher nicht durch M laufen.

Definition 13. Eine Resolutionskette H ist eine *Dissolutionskette*, falls G_H ein c-Block ist, oder falls $G_H = (H_X, H_Y)_c$, wobei $M = (X,Y)$ der kleinste volle Block, der H enthält ist und H_X und H_Y c-Blöcke sind.

Dann kann die Dissolvente wie folgt definiert werden.

Definition 14. Ist H eine Dissolutionskette in G, dann ist die Dissolvente

$$DV(H,M) = \begin{cases} CC(H,M) & \text{falls } G_H \text{ ein } c\text{-Block ist,} \\ CPE(H_X,X) \wedge CC(H_Y,Y) \vee & \text{falls } G_H \text{ aus zwei } c\text{-Blöcken besteht.} \\ CC(H_X,X) \wedge CPE(H_Y,Y) \vee \\ CC(H_X,X) \wedge CC(H_Y,Y) \end{cases}$$

Wie bereits oben beschrieben, enthält das erste Disjunkt im Fall zweier c-Blöcke genau die c-Pfade von M, die durch H_X laufen aber H_Y verfehlen. Das zweite Disjunkt stellt den umgekehrten Fall dar. Das dritte Disjunkt enthält schließlich die c-Pfade, die sowohl H_X als auch H_Y verfehlen. Damit ist $DV(H,M)$ ein semantischer Graph, dessen c-Pfade mindestens einen c-Block der Dissolutionskette G_H verfehlen. Nur die c-Pfade, die durch G_H laufen, sind nicht enthalten, aber genau diese sind unerfüllbar.

Mit folgendem Lemma kann die Dissolvente noch etwas vereinfacht werden.

Lemma 4. *Ist H ein c-Block in G, so gilt $CPE(H,G) \cup CC(H,G) = G$.*

Dann ist $DV(H,M)$ durch eine dieser äquivalenten, kompakteren Formen ausdrückbar.

$$DV(H,M) = \begin{cases} CC(H,M) & \text{falls } G_H \text{ ein } c\text{-Block ist,} \\ X \quad \wedge \quad CC(H_Y,Y) \quad \vee & \text{falls } G_H \text{ aus zwei } c\text{-Blöcken besteht.} \\ CC(H_X,X) \wedge CPE(H_Y,Y) \end{cases}$$

$$DV(H,M) = \begin{cases} CC(H,M) & \text{falls } G_H \text{ ein } c\text{-Block ist,} \\ CC(H_X,X) \quad \wedge \quad Y \quad \vee & \text{falls } G_H \text{ aus zwei } c\text{-Blöcken besteht.} \\ CPE(H_X,X) \wedge CC(H_Y,Y) \end{cases}$$

Damit kann nun der Kernsatz der Dissolution angegeben und bewiesen werden.

Satz 1. *Sei H eine Dissolutionskette in G, und sei M der kleinste volle Block, der H enthält. Dann sind M und DV(H,M) äquivalent.*

Für den Beweis wird gezeigt, dass eine Interpretation I M genau dann erfüllt, wenn sie auch $DV(H,M)$ erfüllt.

Ist G_H ein c-Block, so folgt die Aussage unmittelbar aus Lemma 3 von Seite 123.

Ansonsten sei $M = (X,Y)_c$ der kleinste volle Block, der H enthält und H_X und H_Y zwei nichtleere c-Blöcke. Für den Beweis wird die zweite kompakte Form der Dissolvente verwendet.

Angenommen, I erfüllt M. Es muss gezeigt werden, dass I ebenfalls $DV(H,M)$ erfüllt. Sei p ein von I erfüllter c-Pfad durch M. Zu zeigen ist, dass p dann ebenfalls durch die Dissolvente $DV(H,M)$ läuft und diese somit erfüllt.

p kann als $p_x p_y$ geschrieben werden, wobei p_x ein c-Pfad durch X und p_y ein c-Pfad durch Y ist.

1. Falls p_x H_X verfehlt, ist er wegen Lemma 3 und weil H_X ein c-Block ist, ein c-Pfad durch $CC(H_X,X)$. Dann ist $p = p_x p_y$ ein c-Pfad durch $CC(H_X,X) \wedge Y$ und damit durch $DV(H,M)$.

2. Falls p_x H_X nicht verfehlt, ist er wegen Lemma 2 von Seite 123 und weil H_X ein c-Pfad ist, ein c-Pfad durch H_X und damit ein c-Pfad durch $CPE(H_X,X)$. Dann kann p_y keine Blätter von H_Y enthalten, denn wenn dies der Fall wäre, würde p_y durch H_Y laufen (weil H_Y ein c-Block ist) und damit liefe $p = p_x p_y$ durch G_H und wäre unerfüllbar. Also verfehlt p_y H_Y, und analog zum ersten Fall ist p_y ein c-Pfad durch $CC(H_Y,Y)$. Insgesamt ist p also ein c-Pfad durch $CPE(H_X,X) \wedge CC(H_Y,Y)$ und damit durch $DV(H,M)$.

Die Umkehrung verläuft analog durch Verwendung der Lemmata 2 und 3 und wird daher an dieser Stelle ausgespart. □

Satz 1 rechtfertigt das Ersetzen von M in G durch die Dissolvente $DV(H,M)$, wobei ein äquivalenter semantischer Graph, die *Dissolvente von G bezüglich der Dissolutionskette H*, entsteht. Dieser enthält nur die erfüllbaren c-Pfade von G. Führt man dieses Verfahren solange fort, bis der resultierende Graph keine Links mehr enthält, so heißt der Ergebnisgraph die *volle Dissolvente von G*, geschrieben als $FD(G)$.

Der Algorithmus zur Berechnung der vollen Dissolvente wird durch den Pseudocode in Listing 4.32 skizziert.

Bevor die Dissolution im nächsten Abschnitt an einem Beispiel demonstriert wird, werden kurz ihre wichtigsten Eigenschaften aufgeführt.

- Die Dissolution ist **vollständig**, d.h. jede beliebige Reihenfolge von Dissolutions-schritten resultiert in einer vollen Dissolvente, die keine Links mehr enthält.

```
1   while (G contains a link) {
2     Let H be a dissolution chain in G;
3     Let M be the smallest full block in G containing H;
4     Replace M with DV(H,M) in G;
5     Simplify G by removing occurences of ∅;
6   }
```

Listing 4.32: Der Dissolutionsalgorithmus

- Die Dissolution ist **äquivalenzerhaltend**, d.h. jede Interpretation I, welche eine Formel G erfüllt (falsifiziert), erfüllt (falsifiziert) auch ihre volle Dissolvente $FD(G)$ (und alle Formeln, die Zwischenergebnisse von Dissolutionsschritten sind).

- Jede unerfüllbare Formel kann in einem Schritt mit der Dissolution widerlegt werden. Hierbei ist jedoch die Wahl der richtigen Kette von Bedeutung. Wird jeweils nur bezüglich eines Links dissolviert, so gibt die Anzahl der Links eine Obergrenze für die benötigten Schritte zur Widerlegung an.

4.10.2. Ein Beispiel

In diesem Abschnitt wird die Dissolution anhand eines komplett durchgespielten Beispiels demonstriert.

Beispiel 19: Sei die Formel $G = ((a \land (b \land c)) \lor d) \land ((\bar{a} \land \bar{b}) \lor (\bar{c} \land \bar{d}))$ gegeben. Ihre Baumdarstellung ist in folgender Abbildung angegeben:

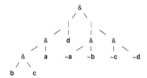

Folgende c-Pfade existieren,

$$cpaths(G) = \{\{d, \bar{a}, \bar{b}\}, \{d, \bar{c}, \bar{d}\}, \{a, b, c, \bar{c}, \bar{d}\}, \{a, b, c, \bar{a}, \bar{b}\}\}$$

und diese Links sind enthalten.

$$links(G) = \{(a, \bar{a}), (b, \bar{b}), (c, \bar{c}), (d, \bar{d})\}$$

Es soll die volle Dissolvente berechnet werden, wobei in jedem Schritt jeweils nur ein Link entfernt wird.

Im ersten Schritt wird der Link $(d, \bar{d})$ gewählt. Der kleinste volle Block, der d und $\bar{d}$ enthält, ist G selbst. Damit kann G durch die folgende Dissolvente ersetzt werden.

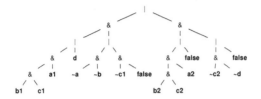

Durch Vereinfachung gelangt man zu folgendem Graph G'.

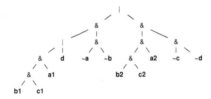

Betrachtet man die c-Pfade von G',

$$\{\{d,\bar{a},\bar{b}\},\{a_1,b_1,c_1,\bar{a},\bar{b}\},\{a_2,b_2,c_2,\bar{c},\bar{d}\}\}$$

so erkennt man, dass sie genau diejenigen c-Pfade von G sind, die nicht den Link $(d,\bar{d})$ enthalten.

Im nächsten Dissolutionsschritt wird der Link $(a_1,\bar{a})$ aus G' entfernt. Der kleinste volle Block, der diese Blätter enthält, ist der linke Teilbaum der Wurzel von G'. Dieser kann durch die Dissolvente,

welche sich vereinfachen lässt zu

ersetzt werden. Als Ergebnis erhält man folgenden semantischen Graphen G'':

Dieser hat nur noch die beiden c-Pfade $\{d,\bar{a},\bar{b}\}$ und $\{a,b,c,\bar{c},\bar{d}\}$. Der einzige noch enthaltene Link ist $\{c,\bar{c}\}$, der jetzt in einem dritten Dissolutionsschritt entfernt werden soll. Dazu wird zunächst wieder der kleinste volle Block, der c und $\bar{c}$ enthält, bestimmt. Hier ist es der rechte Teilbaum der Wurzel von G''. Es ergibt sich folgende Dissolvente

welche sich zum leeren semantischen Graphen $\varnothing$ (false) vereinfachen lässt. Ersetzt man den rechten Teilbaum von G'' durch false, ergibt eine weitere Vereinfachung die volle Dissolvente $FD(G)$, nämlich den linken Teilbaum von G''.

$FD(G)$ hat nur noch einen c-Pfad $\{d,\bar{a},\bar{b}\}$ und enthält keinen Link mehr.

4.10.3. Der `DissolutionOptimizer`

Das Minimierungsverfahren der Dissolution wird vom `DissolutionOptimizer` implementiert. Der Algorithmus dazu ist in Listing 4.33 angegeben.

Es wird über alle `IsContraintOf`-Kanten im Syntaxgraphen iteriert. Der Zielknoten einer solchen Kante ist immer eine `Declaration`, welche in Zeile 9 der Variable `decl` zugewiesen wird. In Zeile 10 wird dann die `Expression`, welche eine Constraint von `decl` ist, in eine spezielle Zwischenform `SemanticGraph` überführt.

Der Aufruf von `dissolve()` in Zeile 13 führt die Dissolution durch und liefert den minimierten semantischen Graphen als Ergebnis.

Falls die Minimierung die Constraint in eine Form transformiert hat, die günstiger auswertbar ist, so wird der minimierte semantische Graph wieder zu einer `Expression` umgeformt und mit einer `IsContraintOf`-Kante mit `decl` verbunden. Sind die Auswertungskosten des Dissolutionsresultats nicht günstiger, so wird die ursprüngliche Constraint wiederhergestellt.

```
1    public void optimize(GreqlEvaluator eval, Greql2 syntaxgraph) {
2      Set<IsConstraintOf> constrEdges = new HashSet<IsConstraintOf>();
3      for (IsConstraintOf edge : syntaxgraph.getIsConstraintOfEdges())
4        constrEdges.add(edge);
5
6      SemanticGraph sg, miniSG;
7      Declaration decl;
8      for (IsConstraintOf constraint : constrEdges) {
9        decl = (Declaration) constraint.getOmega();
10       sg = SemanticGraph.createSemanticGraphFromExpression(
11         (Expression) constraint.getAlpha(),
12         eval.getVertexEvaluatorGraphMarker(), getGraphSize());
13       miniSG = sg.dissolve();
14       int sgCosts = sg.getCosts();
15       int miniSGCosts = miniSG.getCosts();
16       Expression optimizedExpression;
17       if (miniSGCosts < sgCosts)
18         optimizedExpression = miniSG.toExpression(syntaxgraph);
19       else
20         optimizedExpression = sg.toExpression(syntaxgraph);
21       syntaxgraph.createIsConstraintOf(optimizedExpression, decl);
22     }
23   }
```

Listing 4.33: Der Algorithmus des DissolutionOptimizers

4.10.3.1. Die Repräsentation SemanticGraph

Wie man am Algorithmus aus Listing 4.33 erkennen kann, arbeitet die Dissolution nicht direkt auf dem Greql2-Syntaxgraphen, sondern es wird eine Zwischenform benutzt. Die Klassenhierarchie von SemanticGraph ist in Abbildung 4.5 angegeben.

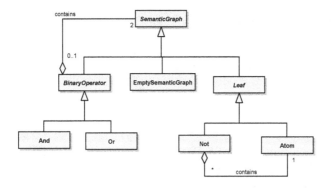

Abbildung 4.5.: Die Klassenhierarchie der SemanticGraph-Repräsentation

Ein semantischer Graph ist ein binärer Baum, dessen innere Knoten BinaryOperators sind. Seine Blätter (Leaf) sind Atome oder negierte Atome. Man muss sich also eine Instanz von Not samt dem zugehörigen Atom als Einheit vorstellen, so wie es im Beispiel 13 eingeführt wurde. Ein leerer semantischer Graph ist zwar auch immer ein Blattknoten, jedoch wird er separat behandelt, da er in der Regel nur von temporärer Natur ist und durch Vereinfachung des Baumes wieder entfernt wird, es sei denn, die Dissolution widerlegt eine Formel, wodurch der leere semantische Graph ∅ das Ergebnis bildet.

Damit lassen sich c- und d-Pfade als Mengen von Leafs auffassen.

Ein Expression-Knoten wird mittels der Factory-Methode

```
public static SemanticGraph createSemanticGraphFromExpression(
    Expression exp,
    GraphMarker<VertexEvaluator> graphMarker,
    GraphSize graphSize);
```

in einen semantischen Graphen überführt. Diese arbeitet rekursiv und erzeugt für die FunctionApplications, welche and, or und not repräsentieren, die entsprechenden BinaryOperator bzw. Not-Instanzen des semantischen Graphen. Danach werden die FunctionApplications im Greql2-Syntaxgraphen gelöscht.

Für jeden sonstigen Expression-Knoten wird ein Atom erzeugt. Jedes Atom hat eine Referenz auf diesen Knoten (originalExpression) als Member.

Da createSemanticGraphFromExpression() rekursiv arbeitet, ist gewährleistet, dass für Teilausdrücke, welche mehrfach in dieser Constraint im Syntaxgraphen verwendet werden, verschiedene Atoms erzeugt werden, deren originalExpression-Referenzen sich jedoch auf die gleiche Expression beziehen. Ein semantischer Graph ist also tatsächlich ein Baum.

Die beiden Parameter graphMarker und graphSize dienen der Kostenberechnung nach Durchführung der Dissolution und werden als Klassenvariablen in SemanticGraph gehalten.

4.10.3.2. Der Algorithmus zur Berechnung der vollen Dissolvente

Nun kann betrachtet werden wie der Algorithmus der Dissolution im semantischen Graphen implementiert ist. Dieser ist in Listing 4.34 angegeben.

In Zeile 2 wird zuerst eine Kopie des semantischen Graphen erzeugt und diese in Negationsnormalform überführt. Das Kopieren ist notwendig, da die Dissolution unter Umständen eine Formel aufblähen und teurer auswertbar machen kann. In diesem Fall wird die ursprüngliche Formel wiederverwendet (vgl. Listing 4.33).

In den Zeilen 2 bis 4 werden alle c- und d-Pfade des semantischen Graphen berechnet und alle Links aus den c-Pfaden extrahiert.

Solange der semantische Graph noch Links enthält, wird jeweils bezüglich einem davon dissolviert. Dazu wird zuerst der kleinste volle Block, der link enthält gesucht (Zeile 8) und dann dessen Dissolvente gebildet (Zeile 10).

```
1    public SemanticGraph dissolve() {
2        SemanticGraph graphCopy = deepCopy().toNegationNormalForm();
3        Set<Set<Leaf>> allCPaths = graphCopy.getCPaths();
4        Set<Set<Leaf>> allDPaths = graphCopy.getDPaths();
5        Set<Link> links = getLinks(allCPaths);
6        while (links.size() > 0) {
7            Link link = links.iterator().next();
8            SemanticGraph fullBlock = graphCopy
9                .getSmallestFullBlockContaining(link, allCPaths, allDPaths);
10           SemanticGraph dissolvent = graphCopy
11               .getDissolvent(link, fullBlock, allCPaths);
12           graphCopy = graphCopy.replaceInGraph(fullBlock, dissolvent);
13           graphCopy = graphCopy.simplify();
14           allCPaths = graphCopy.getCPaths();
15           allDPaths = graphCopy.getDPaths();
16           links = getLinks(allCPaths);
17       }
18       return graphCopy;
19   }
```

Listing 4.34: Der Dissolutionsalgorithmus in SemanticGraph

Danach wird der kleinste volle Block durch die Dissolvente ersetzt und der gesamte semantische Graph graphCopy vereinfacht, wobei leere semantische Graphen, die in der Dissolvente auftreten können, entfernt werden.

Damit ist ein Dissolutionsschritt abgeschlossen, und es werden erneut c- und d-Pfade und Links für den nächsten Schritt berechnet.

Wenn der semantische Graph graphCopy nach einigen Schritten keinen Link mehr enthält, so wird er als volle Dissolvente zurückgeliefert.

Nun soll ein Blick auf die einzelnen hier benutzten Methoden geworfen werden.

Die Methoden getCPaths() und getDPaths() sind analog ihrer Definitionen rekursiv implementiert (vgl. Def. 5 und Def. 6).

Exemplarisch wird hier die Berechnung der c-Pfade betrachtet. Ein Blatt hat nur einen c-Pfad, der nur aus dem Blatt selbst besteht. Die Implementation in Leaf ist in Listing 4.35 angegeben.

```
1    public Set<Set<Leaf>> getCPaths() {
2        Set<Leaf> cpath = new HashSet<Leaf>(1, 1);
3        cpath.add(this);
4        Set<Set<Leaf>> myCPaths = new HashSet<Set<Leaf>>(1, 1);
5        myCPaths.add(cpath);
6        return myCPaths;
7    }
```

Listing 4.35: Die Implementation von getCPaths() für Leafs

Da ein Blatt nur genau einen einelementigen c-Pfad besitzt, wird bei den entsprechenden HashSet-Konstruktoraufrufen direkt eine initiale Größe und loadFactor von 1 angegeben, um den Speicheraufwand möglichst gering zu halten.

Bei Konjunktionsknoten (And) müssen jeweils die c-Pfade des linken Teilbaums mit denen des rechten Teilbaums vereinigt werden. Dies erfolgt wie in Listing 4.36 angegeben.

```
1   public Set<Set<Leaf>> getCPaths() {
2       Set<Set<Leaf>> leftCPaths = leftHandSide.getCPaths();
3       Set<Set<Leaf>> rightCPaths = rightHandSide.getCPaths();
4       Set<Set<Leaf>> myCPaths = new HashSet<Set<Leaf>>(
5           leftCPaths.size() * rightCPaths.size(), 1);
6       Set<Leaf> mergedCPath;
7       for (Set<Leaf> leftCPath : leftCPaths) {
8           for (Set<Leaf> rightCPath : rightCPaths) {
9               mergedCPath = new HashSet<Leaf>(
10                  leftCPath.size() + rightCPath.size(), 1);
11              mergedCPath.addAll(leftCPath);
12              mergedCPath.addAll(rightCPath);
13              myCPaths.add(mergedCPath);
14          }
15      }
16      return myCPaths;
17  }
```

Listing 4.36: Die Implementation von getCPaths() für Konjunktionen

Da zur Berechnung der c-Pfadmenge einer Konjunktion alle c-Pfade des linken Teilbaums mit denen des rechten Teilbaums kombiniert werden, ist klar, dass diese genau | *leftCPaths* | · | *rightCPaths* | Pfade enthalten wird. Genauso ist wegen der Repräsentation als Baum klar, dass die Vereinigung zweier c-Pfade aus disjunkten Teilbäumen genau | *leftCPath* | + | *rightCPath* | Leafs enthält. Dementsprechend werden die neuen HashSets direkt mit den exakten Größen und einem loadFactor von 1 erzeugt. Dadurch muss niemals die Kapazität einer der Mengen vergrößert werden, und ein kostenintensives Rehashing wird vermieden.

Bei Disjunktionsknoten (Or) ergibt sich die c-Pfadmenge als Vereinigung beider c-Pfadmengen der Unterbäume. Der Code dazu ist in Listing 4.37 angegeben.

```
1   public Set<Set<Leaf>> getCPaths() {
2       Set<Set<Leaf>> leftCPaths = leftHandSide.getCPaths();
3       Set<Set<Leaf>> rightCPaths = rightHandSide.getCPaths();
4       Set<Set<Leaf>> myCPaths = new HashSet<Set<Leaf>>(
5           leftCPaths.size() + rightCPaths.size(), 1);
6       myCPaths.addAll(leftCPaths);
7       myCPaths.addAll(rightCPaths);
8       return myCPaths;
9   }
```

Listing 4.37: Die Implementation von getCPaths() für Disjunktionen

Auch hier wird wieder die Menge der c-Pfade dieses Knotens mit der exakten Größe
initialisiert.

4.10.3.3. Die Suche nach dem kleinsten vollen Block

Als nächstes wird betrachtet, wie der kleinste volle Block, der einen gegebenen Link enthält, bestimmt wird. Hierbei kommt nur ein `BinaryOperator` in Frage, da nur ein solcher
bei einer Formel in Negationsnormalform beide `Leaf`s des `Link`s enthalten kann. Deshalb enthält `SemanticGraph` eine Default-Implementierung, die einfach nur den leeren
semantischen Graphen zurückgibt, und somit angibt, dass dieser Knoten nicht der Gesuchte ist.

`BinaryOperator` überschreibt diese Methode wie in Listing 4.38 angegeben.

```
public SemanticGraph getSmallestFullBlockContaining(Link link,
    Set<Set<Leaf>> allCPaths, Set<Set<Leaf>> allDPaths) {
    SemanticGraph leftFB = leftHandSide
        .getSmallestFullBlockContaining(link, allCPaths, allDPaths);
    if (!(leftFB instanceof EmptySemanticGraph)) return leftFB;

    SemanticGraph rightFB = rightHandSide
        .getSmallestFullBlockContaining(link, allCPaths, allDPaths);
    if (!(rightFB instanceof EmptySemanticGraph)) return rightFB;

    if (link.isContainedIn(getLeafs())
        && isFullBlock(allCPaths, allDPaths))
        return this;
    return new EmptySemanticGraph();
}
```

Listing 4.38: Die Implementation von `getSmallestFullBlockContaining()` in BinaryOperator

Ist der linke oder der rechte Unterbaum der gesuchte volle Block, so wird dieser zurückgeliefert.

Ansonsten wird überprüft, ob `link` in den Blättern dieses Unterbaums enthalten ist (Zeile
11) und ob er ein voller Block ist (Zeile 12). Falls dem so ist, wird der aktuelle Knoten
als Ergebnis geliefert. Im anderen Fall wird die Suche nach dem kleinsten Block beim
Vaterknoten fortgesetzt.

Zum Verständnis von Listing 4.38 fehlt nur noch die Implementation von `isFullBlock()`
(vgl. Definition 9 auf Seite 120). Diese ist in Listing 4.39 angegeben.

Dabei ist ein c-Block laut Definition 8 auf Seite 120 ein Subgraph, für den gilt, dass
alle Blätter der c-Pfade des gesamten Graphen, die innerhalb des Subgraphen liegen, in
diesem wiederum einen c-Pfad bilden. Listing 4.40 zeigt die Implementation des Tests
auf c-Block-Eigenschaft.

Der Test auf d-Block-Eigenschaft ist analog implementiert.

```
1   public boolean isFullBlock(Set<Set<Leaf>> allCPaths,
2       Set<Set<Leaf>> allDPaths) {
3       return isCBlock(allCPaths) && isDBlock(allDPaths);
4   }
```

Listing 4.39: Der Test auf die "Voller-Block-Eigenschaft"

```
1   public boolean isCBlock(Set<Set<Leaf>> allCPaths) {
2       Set<Leaf> myNodes = getLeafs();
3       Set<Set<Leaf>> myCPaths = getCPaths();
4       for (Set<Leaf> cpath : allCPaths) {
5           Set<Leaf> intersection = intersection(cpath, myNodes);
6           if (!intersection.isEmpty() && !myCPaths.contains(intersection)){
7               return false;
8           }
9       }
10      return true;
11  }
```

Listing 4.40: Der Test auf *c*-Block-Eigenschaft

4.10.3.4. Die Berechnung der Dissolvente

Nachdem der kleinste volle Block, der einen gegebenen Link enthält, gefunden wurde, kann dessen Dissolvente berechnet werden.

```
1   public SemanticGraph getDissolvent(Link link,
2       SemanticGraph fullBlock, Set<Set<Leaf>> allCPaths) {
3       Set<Leaf> leafsOfLink = link.getLeafs();
4       SemanticGraph chainSubgraph = getSubgraphRelativeTo(leafsOfLink);
5       if (chainSubgraph.isCBlock(allCPaths)) {
6           return fullBlock.getCPathComplement(chainSubgraph);
7       }
8       And conjunction = (And) fullBlock;
9       SemanticGraph hx = conjunction.leftHandSide
10          .getSubgraphRelativeTo(leafsOfLink);
11      SemanticGraph hy = conjunction.rightHandSide
12          .getSubgraphRelativeTo(leafsOfLink);
13      return new Or(
14          new And(conjunction.leftHandSide,
15              conjunction.rightHandSide.getCPathComplement(hy)),
16          new And(
17              conjunction.leftHandSide.getCPathComplement(hx).deepCopy(),
18              conjunction.rightHandSide.getCPathExtension(hy).deepCopy()));
19  }
```

Listing 4.41: Die Berechnung der Dissolvente

Wie bereits in Abschnitt 4.10.1.2 erwähnt, besteht der Ketten-Subgraph beim Dissolvieren bezüglich genau eines Links, aus einem oder zwei *c*-Blöcken.

Für den ersten Fall ist die Dissolvente gleich dem *c*-Pfad-Komplement des kleinsten vollen Blocks bezüglich des Ketten-Subgraphen (Zeile 5 bis 7).

Ansonsten sind hx und hy die beiden *c*-Blöcke des Ketten-Subgraphen, und die Dissolvente ergibt sich als eine der kompakten Formen von Seite 125, wobei hier erstere gewählt wurde. Um den Baumcharakter der Repräsentation als semantischer Graph zu wahren, müssen in den Zeilen 17 und 18 Kopien angefertigt werden.

Die Berechnung des Subgraphen bezüglich einer gegebenen Menge von Blättern erfolgt wieder anhand der Definition 7 auf Seite 119. Exemplarisch zeigt Listing 4.42 die Implementation für Konjunktionsknoten.

```
1   public SemanticGraph getSubgraphRelativeTo(Set<Leaf> leafs) {
2     Set<Leaf> leafsInThisFormula = getLeafs();
3     if (leafs.containsAll(leafsInThisFormula))
4       return this;
5
6     if (intersection(leafsInThisFormula, leafs).isEmpty())
7       return new EmptySemanticGraph();
8
9     if (intersection(leftHandSide.getLeafs(), leafs).isEmpty())
10      return rightHandSide.getSubgraphRelativeTo(leafs);
11
12    if (intersection(rightHandSide.getLeafs(), leafs).isEmpty())
13      return leftHandSide.getSubgraphRelativeTo(leafs);
14
15    return new And(leftHandSide.getSubgraphRelativeTo(leafs),
16                   rightHandSide.getSubgraphRelativeTo(leafs));
17  }
```

Listing 4.42: Die Berechnung des Subgraphen einer Konjunktion bezüglich einer Menge von Blättern

Bei Disjunktionsknoten wird eine neue Or- statt einer And-Instanz erzeugt und zurückgegeben. Bei Blättern muss nur getestet werden, ob das Blatt in leafs enthalten ist. Ist das der Fall, so wird das Blatt zurückgegeben, falls nicht, so ist der leere semantische Graph das Ergebnis.

Zuletzt wird das Augenmerk auf die Berechnung der *c*-Pfad-Erweiterung und des *c*-Pfad-Komplements gelegt. Auch hier erfolgte eine direkte Umsetzung der entsprechenden Definitionen 11 und 12 (Seite 122f), so dass nur die Implementierung für Konjunktionen in Listing 4.43 angegeben ist.

Damit sind alle wichtigen Methoden und ihr Zusammenspiel im Rahmen der Berechnung der vollen Dissolvente erläutert worden.

4.10.3.5. Probleme des DissolutionOptimizers

Der DissolutionOptimizer stellt eine Implementierung des Dissolutionsalgorithmus dar, bei der in jedem Schritt genau ein Link entfernt wird. Enthält der ursprüngliche se-

```
1   public SemanticGraph getCPathExtension(SemanticGraph subGraph) {
2     if (subGraph instanceof EmptySemanticGraph)
3       return new EmptySemanticGraph();
4
5     if (subGraph.isEqualTo(this))
6       return this;
7
8     Set<Leaf> subGraphNodes = subGraph.getLeafs();
9     Set<Leaf> lhsLeafs = leftHandSide.getLeafs();
10    Set<Leaf> rhsLeafs = rightHandSide.getLeafs();
11
12    SemanticGraph lhsGraph;
13    if (!intersection(subGraphNodes, lhsLeafs).isEmpty())
14      lhsGraph = leftHandSide.getCPathExtension(
15          subGraph.getSubgraphRelativeTo(lhsLeafs));
16    else
17      lhsGraph = leftHandSide;
18
19    SemanticGraph rhsGraph;
20    if (!intersection(subGraphNodes, rhsLeafs).isEmpty())
21      rhsGraph = rightHandSide.getCPathExtension(
22          subGraph.getSubgraphRelativeTo(rhsLeafs));
23    else
24      rhsGraph = rightHandSide;
25
26    return new And(lhsGraph, rhsGraph);
27  }
```

Listing 4.43: Die Berechnung der c-Pfad-Erweiterung für Konjunktionsknoten

mantische Graph n Links, so wird dieser in höchstens n Dissolutionsschritten in die volle Dissolvente überführt, welche keinen Link mehr enthält. Falls der ursprüngliche Graph unerfüllbar war, so wird die Formel widerlegt, d.h. der leere semantische Graph bildet das Dissolutionsergebnis.

Allerdings scheitert das Verfahren an großen semantischen Graphen, weil die Berechnung der c- und d-Pfade deutlich zu speicherintensiv ist, was leicht am Beispiel von c-Pfaden ersichtlich wird.

Für jeden Disjunktionsknoten ist die Menge der c-Pfade die Summe der c-Pfade beider Unterbäume. Im Schnitt verdoppelt sich also die Anzahl der c-Pfade in jedem Disjunktionsknoten.

Bei Konjunktionen sieht die Situation noch schlechter aus, denn die Menge der c-Pfade ergibt sich als Produkt der c-Pfade beider Unterbäume. Zudem werden die einzelnen c-Pfade durch Vereinigung zweier disjunkter c-Pfade gebildet. Im Mittel wird die Anzahl der c-Pfade in jedem Konjunktionsknoten quadriert, und die Länge jedes c-Pfades verdoppelt sich.

Die gleiche Situation gilt für die Berechnung der d-Pfade, wobei hier Konjunktion und Disjunktion bezüglich ihrer Komplexität die Rollen tauschen.

Aus diesem Grund ist der `DissolutionOptimizer` zur Zeit des Schreibens dieser Arbeit noch deaktiviert.

4.11. Die Transformation "Zusammengesetzte Prädikate in Konditionalausdrücke wandeln"

Die Constraints im with-Teil eines FWR-Ausdrucks enthalten in der Regel mehrere zu überprüfende Prädikate, welche mit den logischen Konnektoren and, or, xor und not verknüpft sind. Diese sind als GREQL2-Funktionen realisiert, und es gilt bei der Auswertung, dass vor dem Berechnen des Funktionsergebnisses alle Funktionsparameter berechnet werden.

Für die meisten Funktionen ist die vorherige Berechnung aller Parameter notwendig. Doch gerade bei den sehr häufig benutzen Konnektoren and und or ist das nicht der Fall, was am Beispiel aus Listing 4.44 verdeutlicht wird.

```
1  from x : list(1..10),
2       y : list(1..100)
3  with x % 2 = 0 and isPrime(y)
4  reportSet x, y
5  end
```

Listing 4.44: Ein Beispiel zur Short-Cirquit-Auswertung einer Konjunktion

Wenn bei der Anfrage aus Listing 4.44 die Variable x an eine ungerade Zahl gebunden ist, so evaluiert x % 2 = 0 zu false. Damit steht der Wert der Auswertung der Konjunktion bereits fest, denn egal ob isPrime(y) zu false, true oder null evaluiert, die Wahrheitstabelle zu and zeigt, dass in jedem Fall false das Ergebnis ist.

x and y	true	null	false
true	true	null	false
null	null	null	false
false	false	false	false

Folglich könnte die Auswertung des with-Teils bereits hier beendet und die Variablen x bzw. y an die nächsten Werte gebunden werden.

Die Kosten für die Funktionen modulo (%), equals (=) und and sind in der GREQL2-Funktionsbibliothek mit jeweils 2 Interpretationsschritten angegeben. Eine Auswertung von isPrime kostet hingegen 50 IS. Damit belaufen sich die Kosten für die Berechnung der Constraint auf $10 \cdot 3 \cdot 2 + 1000 \cdot 50 = 50060$ IS.

Wäre hingegen eine Short-Cirquit-Auswertung für and möglich, so müsste isPrime(y) nur dann ausgewertet werden, wenn x an eine gerade Zahl gebunden ist. Das ist aber nur bei der Hälfte aller Iterationsschritte der Fall, so dass die Kosten auf $10 \cdot 3 \cdot 2 + 500 \cdot 50 = 25060$ IS reduziert werden könnten.

Folglich kann eine Kurzschlussauswertung oftmals zu einer starken Kostenreduzierung beitragen kann. Jedoch ist sie nicht ohne größere Eingriffe in den Auswerter oder die Schnittstelle Greql2Function implementierbar. Denn entweder müsste ersterer die Funktionen and und or speziell behandeln, oder das Interface müsste dahingehend geändert

werden, dass eine Funktion nicht die Auswertungsergebnisse ihrer Argumentknoten als
JValue erhält, sondern nur die entsprechenden VertexEvaluators und sich dann selbst
um den Start der Auswertung kümmert.

Beide Modifikationen lassen sich aber nicht mit den eigentlichen Zielen der GREQL2-
Funktionsbibliothek vereinbaren, denn erstens soll der Auswerter jede Funktion gleich
behandeln und keine Sonderfälle beachten müssen, und zweitens soll eine Funktion ausschließlich ihre eigene Berechnungsvorschrift enthalten und sich nicht um die Auswertung ihrer Parameter kümmern müssen. Das garantiert eine gewisse Einfachheit, die GRE-
QL2-Funktionen zur flexiblen Erweitungsmöglichkeit machen.

Statt eine Kurzschlussauswertung für and und or zu implementieren, wandelt der ConditionalExpressionOptimizer diese in Konditionalausdrücke um.

Ein Konditionalausdruck hat in GREQL2 die folgende Form:

```
(condition) ? trueExp : falseExp : nullExp;
```

Zuerst wird das Prädikat condition ausgewertet. Je nach dem, ob dieses zu true, false
oder null evaluiert, wird die entsprechende Expression ausgewertet und ihr Ergebnis
als Gesamtergebnis des Konditionalausdrucks geliefert. Es wird also immer nur einer der
Ausdrücke trueExp, falseExp und nullExp ausgewertet.

Der folgende Abschnitt erläutert, wie der ConditionalExpressionOptimizer Konjunktionen und Disjunktionen in Konditionalausdrücke transformiert.

4.11.1. Das Verfahren

Jede Constraint im with-Teil eines FWR-Ausdrucks bzw. der Einschränkung einer QuantifiedExpression kann zerlegt werden in konstante Terme (die Literale true, false
und null), nicht-konstante Terme und die logischen Funktionen and, or und not. Damit
kann jede Constraint als Funktion ihrer nicht-konstanten Terme aufgefasst werden.

Beispiel 20: Die Constraint

$$a > 10 \ \wedge \ \neg isPrime(b) \ \vee \ \forall c \in C : c < b$$

enthält die nicht-konstanten Terme $x_1 = a > 10$, $x_2 = isPrime(b)$ und $x_3 = \forall c \in C : c < b$. Damit lässt sie sich als Funktion

$$f(x_1, x_2, x_3) = x_1 \ \wedge \ \neg x_2 \ \vee \ x_3$$

auffassen. Kennt man die Wahrheitswerte der nicht-konstanten Terme, so
kann der Wahrheitswert der gesamten Funktion f, und damit der ursprünglichen Constraint, berechnet werden.

Sei also eine logische Funktion $f(x_1, .., x_n)$ gegeben. Um diese in einen Konditionalausdruck zu wandeln, sind zwei separate Schritte nötig.

1. Wähle den nicht-konstanten Term x_i von f, welcher als Bedingung des Konditionalausdrucks dienen soll.

2. Erzeuge einen Konditionalausdruck mit x_i als Bedingung.

Der erste Schritt ist verständlicher, wenn bereits bekannt ist, wie eine logische Funktion f in einen Konditionalausdruck transformiert wird. Deshalb wird zuerst auf die Transformation eingegangen. Die Wahl des nicht-konstanten Terms wird danach in Abschnitt 4.11.1.2 erläutert.

4.11.1.1. Die Transformation in einen Konditionalausdruck

Es sei eine logische Funktion $f(x_1,..,x_n)$ gegeben, welche in einen Konditionalausdruck mit dem nicht-konstanten Term x_i als Bedingung transformiert werden soll.

Definition 15. Dann ist die Transformationsoperation *cond* wie folgt definiert.

$$
\begin{aligned}
cond(f(), x) &= f() \\
cond(f(x_1), x_1) &= f(x_1) \\
cond(f(x_1,..,x_n), x_i) &= (x_i) \quad ? \quad cond(f(x_1,..,x_{i-1},true,x_{i+1},..,x_n), x_j) \\
&\qquad : \quad cond(f(x_1,..,x_{i-1},false,x_{i+1},..,x_n), x_k) \\
&\qquad : \quad cond(f(x_1,..,x_{i-1},null,x_{i+1},..,x_n), x_l);
\end{aligned}
$$

Dabei gilt $\forall x \in \{j,k,l\} : x \in \{1,..,i-1,i+1,..,n\}$.

Enthält die Funktion f keinen oder nur einen nicht-konstanten Term, so wird keine Transformation durchgeführt. Ansonsten wird ein Konditionalausdruck mit x_i als Bedingung erzeugt. Der *true*-Teil des Konditionalausdrucks ergibt sich durch rekursive Anwendung von *cond* auf die Funktion, die entsteht, wenn man in f jedes Vorkommen von x_i durch *true* ersetzt. Die beiden anderen Fälle ergeben sich analog.

Auf die Wahl von j, k und l wird in Abschnitt 4.11.1.2 genauer eingegangen. Vorerst reicht es zu wissen, dass irgendeiner der verbleibenden nicht-konstanten Terme gewählt wird.

Da in jedem Rekursionsschritt ein nicht-konstanter Term durch einen der konstanten Terme *true*, *false* oder *null* ersetzt wird, ist garantiert, dass nach spätestens $n-1$ Schritten einer der ersten beiden Fälle zur Anwendung kommt und die Rekursion abbricht. Durch logische Vereinfachungen können in einem Rekursionsschritt auch mehrere nicht-konstante Terme verschwinden, z.B. kann die Ersetzung von x_1 in $x_1 \wedge x_2$ durch *false* vereinfacht werden zu *false*.

Beispiel 21: Sei $f(x_1,x_2,x_3) = x_1 \wedge \neg x_2 \vee x_3$ gegeben. Die Funktion soll in einen geschachtelten Konditionalausdruck transformiert werden, wobei als Bedingung immer das noch verbleibende x_i mit kleinstem i gewählt wird.

Damit ergibt sich im ersten Schritt:

$$
\begin{aligned}
(x_1) \quad &? \quad cond(true \wedge \neg x_2 \vee x_3, x_2) \\
&: \quad cond(false \wedge \neg x_2 \vee x_3, x_2) \\
&: \quad cond(null \wedge \neg x_2 \vee x_3, x_2);
\end{aligned}
$$

Durch Vereinfachung erhält man:

$$(x_1) \quad ? \quad cond(\neg x_2 \lor x_3, x_2)$$
$$: \quad cond(x_3, x_3)$$
$$: \quad cond(null \land \neg x_2 \lor x_3, x_2);$$

Im zweiten Rekursionsschritt ergibt sich für $cond(\neg x_2 \lor x_3, x_2)$ der Konditionalausdruck

$$(x_2) \quad ? \quad cond(\neg true \lor x_3, x_3)$$
$$: \quad cond(\neg false \lor x_3, x_3)$$
$$: \quad cond(\neg null \lor x_3, x_3);$$

der sich zu

$$(x_2) \quad ? \quad cond(x_3, x_3)$$
$$: \quad cond(true, x_3)$$
$$: \quad cond(null \lor x_3, x_3);$$

vereinfachen lässt.

Für $null \land \neg x_2 \lor x_3$ wird folgender Konditionalausdruck erzeugt:

$$(x_2) \quad ? \quad cond(null \land \neg true \lor x_3, x_3)$$
$$: \quad cond(null \land \neg false \lor x_3, x_3)$$
$$: \quad cond(null \land \neg null \lor x_3, x_3);$$

Dieser lässt sich vereinfachen zu

$$(x_2) \quad ? \quad cond(x_3, x_3)$$
$$: \quad cond(null \lor x_3, x_3)$$
$$: \quad cond(null \lor x_3, x_3); \quad .$$

Nun sind keine Terme mehr übrig, die mehr als einen nicht-konstanten Term beinhalten, und die Rekursion bricht ab. Als Gesamtergebnis erhält man somit den Konditionalausdruck

$$(x_1) \quad ? \quad (x_2) ? x_3 : true : null \lor x_3;$$
$$: \quad x_3$$
$$: \quad (x_2) ? x_3 : null \lor x_3 : null \lor x_3; \; ; \quad .$$

Es wird ersichtlich, dass in einigen Fällen nur zwei nicht-konstante Terme ausgewertet werden müssen, um den Wert von $f(x_1, x_2, x_3)$ zu berechnen.

4.11.1.2. Die Wahl des besten nicht-konstanten Terms

Im Beispiel 21 auf 141 wurde einfach der nicht-konstante Term x_i mit kleinstmöglichem i als Bedingung für den Konditionalausdruck benutzt. Durch eine geschicktere Wahl kann unter Umständen jedoch eine bessere Optimierung erreicht werden.

Dazu wird eine Heuristik genutzt, welche in [KMS92] von Alfons Kemper, Guido Moerkotte und Michael Steinbrunn vorgeschlagen wird. Demnach sollte die Wahl des nicht-konstanten Terms nach folgenden Regeln erfolgen.

1. Wähle zuerst denjenigen nicht-konstanten Term x_i als Bedingung, der den größten Einfluss auf den Wert von $f(x_1,..,x_i,..,x_n)$ hat.

2. Wähle zuerst denjenigen nicht-konstanten Term x_i, der die niedrigsten Auswertungskosten verursacht.

Die erste Regel zielt darauf ab, möglichst wenige nicht-konstante Terme zur Berechnung des Gesamtergebnisses auszuwerten. Da es allerdings möglich ist, dass ein nicht-konstanter Term x_i, der sehr großen Einfluss auf das Gesamtergebnis hat, immens hohe Kosten verursacht, kann es sinnvoll sein, zuerst einen günstigeren nicht-konstanten Term als Bedingung zu verwenden. Dann müssen unter Umständen mehr nicht-konstante Terme ausgewertet werden. Allerdings können die Kosten trotzdem geringer sein, falls der Wert von x_i in vielen Fällen nicht mehr zur Berechnung des Gesamtergebnisses benötigt wird.

Daher verwendet der `ConditionalExpressionOptimizer` denjenigen nicht-konstanten Term als Bedingung für einen Konditionalausdruck, bei dem das Verhältnis von Einfluss auf das Gesamtergebnis zu seinen abgeschätzten Auswertungskosten maximal ist.

Nun wird betrachtet, wie das Maß für den Einfluss eines nicht-konstanten Terms auf das Gesamtergebnis definiert ist.

Definition 16. Die *boolsche Differenz* $\Delta_{x_i}f$ einer Funktion $f(x_1,..,x_i,..,x_n)$ ist wie folgt definiert:

$$\Delta_{x_i}f(x_1,..,x_i,..,x_n) = f(x_1,..,x_{i-1},true,x_{x+1},..,x_n)$$
$$\not\equiv f(x_1,..,x_{i-1},false,x_{x+1},..,x_n)$$
$$\not\equiv f(x_1,..,x_{i-1},null,x_{x+1},..,x_n)$$

Wechselt der Wert von $f(x_1,..,x_i,..,x_n)$ wenn sich x_i ändert, so scheint der Einfluss von x_i hoch zu sein. In diesem Fall liefert die boolsche Differenz für viele Belegungen den Wert `true`. Dann ist auch die Selektivität (*sel*) von $\Delta_{x_i}f(x_1,..,x_i,..,x_n)$ besonders hoch, so dass der Einfluss auf das Gesamtergebnis wie folgt definiert werden kann.

Definition 17. Der *Einfluss des nicht-konstanten Terms* x_i auf das Ergebnis von $f(x_1,..,x_i,..,x_n)$ ist wie folgt definiert:

$$influence(x_i, f(x_1,..,x_i,..,x_n)) = sel(\Delta_{x_i}f(x_1,..,x_i,..,x_n))$$

$$
\begin{aligned}
sel(true) &= 1 \\
sel(false) &= 0 \\
sel(null) &= 0 \\
sel(a \wedge b) &= sel(a) \cdot sel(b) \\
sel(a \vee b) &= 1 - sel(\neg a \wedge \neg b) \\
sel(a \equiv b) &= sel((a \wedge b) \vee (\neg a \wedge \neg b)) \\
sel(\neg a) &= 1 - sel(a)
\end{aligned}
$$

Tabelle 4.1.: Die Regeln zur Berechnung der Selektivität

Bei der Berechnung der Selektivität $sel(f)$ einer logischen Funktion f gelten die Regeln aus Tabelle 4.1.

Zusammenfassend kann gesagt werden, dass der ConditionalExpressionOptimizer denjenigen nicht-konstanten Term x_i als Bedingung für den nächsten Konditionalausdruck verwendet, für den

$$
\frac{influence(x_i, f(x_1, .., x_i, .., x_n))}{costs(x_i)}
$$

maximal ist.

4.11.2. Ein Beispiel

Nun soll das Verfahren noch einmal an einem einfachen Beispiel nachvollzogen werden, bevor im Abschnitt 4.11.3 auf die Implementation im ConditionalExpressionOptimizer eingegangen wird.

Beispiel 22: Es sei noch einmal die Funktion

$$
f(x_1, .., x_i, .., x_n) = x_1 \wedge \neg x_2 \vee x_3
$$

aus Beispiel 21 gegeben und es gälten die folgenden Selektivitäten: $sel(x_1) = 0.8$, $sel(x_2) = 0.5$, $sel(x_3) = 0.3$.

Als erstes wird die boolsche Differenz von f bezüglich x_1 berechnet.

$$
\begin{aligned}
\Delta_{x_1} f(x_1, x_2, x_3) &= f(true, x_2, x_3) \not\equiv f(false, x_2, x_3) \not\equiv f(null, x_2, x_3) \\
&= \neg x_2 \vee x_3 \not\equiv x_3 \not\equiv (null \wedge \neg x_2) \vee x_3 \\
&= \neg \left(\neg x_2 \vee x_3 \equiv \neg \left(x_3 \equiv (null \wedge \neg x_2) \vee x_3 \right) \right)
\end{aligned}
$$

Der Einfluss auf den Wert der Funktion f ist laut Definition 17 die Selektivität der boolschen Differenz. Diese wird nun berechnet, indem die Selektivitäten der einzelnen Teilformeln von innen nach außen berechnet werden.

$$
\begin{aligned}
sel(x_2) &= 0.5 \\
sel(\neg x_2) &= 0.5 \\
sel(x_3) &= 0.3 \\
sel(\neg x_2 \vee x_3) &= 0.65 \\
sel(x_3) &= 0.3 \\
sel(x_2) &= 0.5 \\
sel(\neg x_2) &= 0.5 \\
sel(null \wedge \neg x_2) &= 0.0 \\
sel(x_3) &= 0.3 \\
sel((null \wedge \neg x_2) \vee x_3) &= 0.3 \\
sel(x_3 \equiv ((null \wedge \neg x_2) \vee x_3)) &= 0.5359 \\
sel(\neg (x_3 \equiv ((null \wedge \neg x_2) \vee x_3))) &= 0.4641 \\
sel((\neg x_2 \vee x_3) \equiv \neg (x_3 \equiv ((null \wedge \neg x_2) \vee x_3))) &\approx 0.4326 \\
sel(\neg ((\neg x_2 \vee x_3) \equiv \neg (x_3 \equiv ((null \wedge \neg x_2) \vee x_3)))) &\approx 0.5674
\end{aligned}
$$

Es gilt also $influence(x_1, f) \approx 0.5674$.

Als nächstes wird die boolsche Differenz von f bezüglich x_2 berechnet.

$$
\begin{aligned}
\Delta_{x_2} f(x_1, x_2, x_3) &= f(x_1, true, x_3) \not\equiv f(x_1, false, x_3) \not\equiv f(x_1, null, x_3) \\
&= x_3 \not\equiv x_1 \vee x_3 \not\equiv (x_1 \wedge null) \vee x_3 \\
&= \neg (x_3 \equiv \neg (x_1 \vee x_3 \equiv (x_1 \wedge null) \vee x_3))
\end{aligned}
$$

Auch hier wird die Gesamtselektivität wieder schrittweise von innen nach außen berechnet.

$$
\begin{aligned}
sel(x_3) &= 0.3 \\
sel(x_1) &= 0.8 \\
sel(x_3) &= 0.3 \\
sel(x_1 \vee x_3) &= 0.86 \\
sel(x_1) &= 0.8 \\
sel(x_1 \wedge null) &= 0.0 \\
sel(x_3) &= 0.3 \\
sel((x_1 \wedge null) \vee x_3) &= 0.3 \\
sel((x_1 \vee x_3) \equiv ((x_1 \wedge null) \vee x_3)) &\approx 0.3307 \\
sel(\neg ((x_1 \vee x_3) \equiv ((x_1 \wedge null) \vee x_3))) &\approx 0.6693 \\
sel(x_3 \equiv \neg ((x_1 \vee x_3) \equiv ((x_1 \wedge null) \vee x_3))) &\approx 0.3858 \\
sel(\neg (x_3 \equiv \neg ((x_1 \vee x_3) \equiv ((x_1 \wedge null) \vee x_3)))) &\approx 0.6142
\end{aligned}
$$

Für den Einflussfaktor von x_2 bezüglich f gilt also $influence(x_2, f) \approx 0.6142$.

Zuletzt wird die boolsche Differenz $\Delta_{x_3} f$ berechnet.

$$
\begin{aligned}
\Delta_{x_3} f(x_1, x_2, x_3) &= f(x_1, x_2, true) \not\equiv f(x_1, x_2, false) \not\equiv f(x_1, x_2, null) \\
&= true \not\equiv (x_1 \wedge \neg x_2 \not\equiv x_1 \wedge \neg x_2 \vee null) \\
&= \neg (true \equiv \neg (x_1 \wedge \neg x_2 \equiv x_1 \wedge \neg x_2 \vee null))
\end{aligned}
$$

Jetzt kann wieder die Selektivität von $\Delta_{x_3} f(x_1, x_2, x_3)$ berechnet werden.

$$
\begin{aligned}
sel(x_1) &= 0.8 \\
sel(x_2) &= 0.5 \\
sel(\neg\, x_2) &= 0.5 \\
sel(x_1 \wedge \neg\, x_2) &= 0.4 \\
sel(x_1) &= 0.8 \\
sel(x_2) &= 0.5 \\
sel(\neg\, x_2) &= 0.5 \\
sel(x_1 \wedge \neg\, x_2) &= 0.4 \\
sel((x_1 \wedge \neg\, x_2) \vee null) &= 0.4 \\
sel((x_1 \wedge \neg\, x_2) \equiv ((x_1 \wedge \neg\, x_2) \vee null)) &= 0.4624 \\
sel(\neg\,((x_1 \wedge \neg\, x_2) \equiv ((x_1 \wedge \neg\, x_2) \vee null))) &= 0.5376 \\
sel(true \equiv \neg\,((x_1 \wedge \neg\, x_2) \equiv ((x_1 \wedge \neg\, x_2) \vee null))) &= 0.5376 \\
sel(\neg\,(true \equiv \neg\,((x_1 \wedge \neg\, x_2) \equiv ((x_1 \wedge \neg\, x_2) \vee null)))) &= 0.4624
\end{aligned}
$$

Die Selektivität der boolschen Differenz bezüglich x_3 und damit der Einfluss auf den Wert von f ist also 0.4624.

Es soll angenommen werden, dass alle nicht-konstanten Terme x_i die gleichen Auswertungskosten verursachen. Dann ist das Verhältnis von Einfluss auf den Wert von f zu den Kosten für den Term x_2 am besten. Folglich wird dieser als Bedingung des obersten Konditionalausdrucks verwendet, und man erhält:

$$
\begin{aligned}
(x_2) \quad &? \quad x_3 \\
&: \quad x_1 \vee x_3 \\
&: \quad (x_1 \wedge null) \vee x_3;
\end{aligned}
$$

Da die Fälle für $x_2 = false$ und $x_2 = null$ jeweils noch zwei nicht-konstante Terme enthalten, kann die Transformation rekursiv auf sie angewandt werden. Dies wird jedoch nicht mehr in diesem Beispiel erörtert.

Im nächsten Abschnitt wird erläutert, wie das gerade demonstrierte Verfahren im `ConditionalExpressionOptimizer` implementiert ist.

4.11.3. Der `ConditionalExpressionOptimizer`

Der Algorithmus des `ConditionalExpressionOptimizers` ist in Listing 4.45 auf der nächsten Seite abgebildet.

Zuerst werden in Zeile 3 alle `xor`-Funktionsanwendungen durch Anwendung der statischen Hilfsfunktion `transformXorFunctionApplications()`, welche die Regel $ab = a \wedge \neg\, b \vee \neg\, a \wedge b$ implementiert, beseitigt.

Danach sorgt die Hilfsfunktion `mergeConstraints()` dafür, dass jede `Declaration` im Syntaxgraphen keine oder genau eine Constraint besitzt. Dazu iteriert sie über alle `IsConstraintOf`-Kanten jeder Deklaration und sammelt die `Expression`-Startknoten. Dann werden die Kanten gelöscht und eine neue Konjunktion erzeugt, die alle gesammelten

```
1   public void optimize(GreqlEvaluator eval, Greql2 syntaxgraph)
2       throws OptimizerException {
3       OptimizerUtility.transformXorFunctionApplications(syntaxgraph);
4       OptimizerUtility.mergeConstraints(syntaxgraph);
5
6       ArrayList<Declaration> declarations = new ArrayList<Declaration>();
7       for (Declaration decl : syntaxgraph.getDeclarationVertices())
8           declarations.add(decl);
9
10      for (Declaration decl : declarations) {
11          if (decl.getFirstIsConstraintOf() == null) continue;
12
13          Expression topLevelExpression =
14              (Expression) decl.getFirstIsConstraintOf().getAlpha();
15          decl.getFirstIsConstraintOf().delete();
16          Formula formula =
17              Formula.createFormulaFromExpression(topLevelExpression)
18                  .simplify().optimize();
19          Expression newConstraint = formula.toExpression();
20          syntaxgraph.createIsConstraintOf(newConstraint, decl);
21      }
22
23      eval.createVertexEvaluators();
24  }
```

Listing 4.45: Der Algorithmus des ConditionalExpressionOptimizers

Expressions kombiniert. Diese wird mit einer neuen IsConstraintOf-Kante mit der Declaration verbunden.

In den Zeilen 7 und 8 werden alle Deklarationsknoten des Syntaxgraphen gesammelt, und ab Zeile 10 wird dann über sie iteriert. Deklarationen, die nicht mit einer Constraint versehen sind, werden durch Zeile 11 übersprungen.

Ansonsten wird der Wurzelknoten des Constraint-Subgraphen der Variable topLevelExpression zugewiesen und die IsConstraintOf-Kante, welche diesen mit der zugehörigen Declaration verbindet, gelöscht.

In Zeile 16 wird die Constraint-Expression in die interne Repräsentation Formula überführt. Diese wird in Zeile 18 vereinfacht und optimiert.

Als letzter Teil der Transformation wird die optimierte Formel wieder zurück in eine GREQL2-Expression überführt und diese mit der Deklaration verbunden.

Da einige Knoten des Syntaxgraphen gelöscht wurden und neu erzeugte Knoten an ihre Stelle traten, müssen zuletzt die Knotenauswerter neu erzeugt werden.

Wie auch schon der DissolutionOptimizer verwendet der ConditionalExpressionOptimizer eine eigene Repräsentation für die Knoten einer Constraint, und die eigentliche Transformation erfolgt innerhalb dieser internen Form.

Das Klassendiagramm in Abbildung 4.6 zeigt alle darin definierten Klassen.

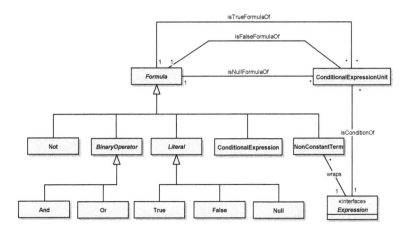

Abbildung 4.6.: Das Klassendiagramm zur Formula-Repräsentation des Conditional-ExpressionOptimizers

Die abstrakte Klasse Formula ist Basisklasse aller sonstigen Klassen mit Ausnahme von NonConstantTermUnit. Die nicht-abstrakten Klassen modellieren alle GREQL2-Elemente, welche dieser Transformation eine Rolle spielen.

Formula enthält die Factory-Methode

public static Formula createFormulaFromExpression(Expression exp)

mit der zu einem beliebigen GREQL2-Ausdruck ein Baum von Instanzen konkreter Formula-Subklassen, erzeugt werden kann. Dabei wird zu jedem FunctionApplication-Knoten mit FunctionId and, or oder not eine Instanz der entsprechenden Klassen erzeugt. Genauso wird zu einem BoolLiteral je nach Wert des Attributs boolValue eine Instanz von True, False oder Null erzeugt. Nachdem eine Instanz der Formelrepräsentation erzeugt wurde, wird der entsprechende GREQL2-Knoten aus dem Syntaxgraphen gelöscht, sofern er verwaist ist, d.h. keine ausgehenden Kanten mehr besitzt.

Für alle GREQL2-Knoten, die keine boolschen Literale oder logische Konnektoren repräsentieren, werden bei der Konvertierung NonConstantTerm-Instanzen erzeugt. Diese enthalten eine Referenz auf die GREQL2-Expression, zu welcher sie erzeugt werden. Diese wird im Gegensatz zu logischen Konnektoren und Literalen nicht aus dem Syntaxgraphen gelöscht, auch wenn sie verwaist sind.

Ist ein Knoten in einer Constraint im GREQL2-Syntaxgraphen mehrfach mit anderen, darüberliegenden logischen Konnektoren verbunden, so wird die interne Baumrepräsentation mehrere NonConstantTerm-Instanzen enthalten, die jedoch eine Referenz auf dieselbe GREQL2-Expression besitzen.

In Listing 4.45 ist ersichtlich, dass vor der eigentlichen Transformation in geschachtelte Konditionalausdrücke, zuerst eine Vereinfachung der Formel erfolgt. Die folgenden Regeln werden dabei berücksichtigt:

- Konjunktionen (And):

$$a \wedge \mathit{false} \;=\; \mathit{false}$$
$$a \wedge \mathit{true} \;=\; a$$
$$a \wedge a \;=\; a$$

- Disjunktionen (Or):

$$a \vee \mathit{false} \;=\; a$$
$$a \vee \mathit{true} \;=\; \mathit{true}$$
$$a \vee a \;=\; a$$

- Negationen (Not):

$$\neg\,\mathit{false} \;=\; \mathit{true}$$
$$\neg\,\mathit{true} \;=\; \mathit{false}$$
$$\neg\,\mathit{null} \;=\; \mathit{null}$$
$$\neg\,\neg\, a \;=\; a$$
$$\neg\,(a \wedge b) \;=\; \neg a \vee \neg b$$
$$\neg\,(a \vee b) \;=\; \neg a \wedge \neg b$$

Nach dieser Vereinfachung des Formelausdrucks wird die eigentliche Transformation durchgeführt. Dazu wird die Formula-Methode optimize() aufgerufen. Ihr Code ist in Listing 4.46 angegeben.

```
1  public Formula optimize() {
2     HashSet<Expression> nctExpressions
3         = getNonConstantTermExpressions();
4     if (nctExpressions.size() < 2) return this;
5
6     ConditionalExpressionUnit bestUnit
7         = calculateBestConditionalExpressionUnit(nctExpressions);
8     return bestUnit.toConditionalExpression();
9  }
```

Listing 4.46: Die Erzeugung des Konditionalausdrucks nach Berechnung der besten Bedingung

Zuerst werden in Zeile 2 alle GREQL2-Expressions der NonConstantTerms im Formelausdruck gesammelt. Falls keiner oder nur einer darin enthalten ist, ist die Transformation nicht sinnvoll anwendbar. Im ersten Fall ist kein Ausdruck mehr vorhanden, der als Bedingung der ConditionalExpression verwendet werden kann. Im zweiten

Fall resultiert die Transformation zwangsläufig in einem Konditionalausdruck der Form $(exp) ? l_1 : l_2 : l_3;$, wobei alle l_i Literale sind.

Sind mindestens zwei verschiedene Expressions enthalten, wird in Zeile 7 diejenige berechnet, welche am besten als Bedingung für den Konditionalausdruck dienen kann. Das Kriterium ist hier genau jenes aus Abschnitt 4.11.1.2, nämlich das Verhältnis von Einfluss auf den Gesamtausdruck zu den erwarteten Auswertungskosten der Expression.

Die Klasse ConditionalExpressionUnit kapselt eine Expression, welche Bedingung des Konditionalausdrucks werden kann und die drei Formeln, welche entstehen, wenn jede NonConstantTerm-Instanz, welche diese Expression referenziert, durch *true*, *false* oder *null* ersetzt wurde.

Nachdem die beste ConditionalExpressionUnit gewählt ist, wird in der letzten Anweisung die der ConditionalExpressionUnit entsprechende ConditionalExpression abgefragt. Der Code dazu ist in Listing 4.47 angegeben.

```
1   ConditionalExpression toConditionalExpression() {
2       return new ConditionalExpression(condition,
3               trueFormula.optimize(),
4               falseFormula.optimize(),
5               nullFormula.optimize());
6   }
```

Listing 4.47: Die Erzeugung einer ConditionalExpression aus einer ConditionalExpressionUnit

Hierbei wird für die verbleibenden Formeln der *true*-, *false*- und *null*-Fälle des Konditionalausdrucks die Transformation rekursiv aufgerufen.

Als nächstes wird die Berechnung der Expression, die Bedingung des Konditionalausdrucks wird, betrachtet. Dazu ist der Code der entsprechenden Methode in Listing 4.48 angegeben.

```
1    ConditionalExpressionUnit calculateBestConditionalExpressionUnit(
2        HashSet<Expression> nonConstantTermExpressions) {
3        ConditionalExpressionUnit current, best = null;
4        for (Expression exp : nonConstantTermExpressions) {
5            current = new ConditionalExpressionUnit(exp, this);
6            if (best == null || best.getInfluenceCostRatio()
7                        < current.getInfluenceCostRatio())
8                best = current;
9        }
10       return best;
11   }
```

Listing 4.48: Die Berechnung der Expression, mit dem besten Einfluss-Kosten-Verhältnis

Zu jeder Expression wird eine ConditionalExpressionUnit erzeugt. Hat die Aktuelle ein höheres Einfluss-Kosten-Verhältnis als die bisher Beste, so wird best auf current gesetzt. Zuletzt wird diejenige zurückgeliefert, welche das höchste Verhältnis hat.

Wie bereits erwähnt, sind die wichtigsten Teile der Transformation, nämlich die Berechnung des Einfluss-Kosten-Verhältnisses einer Expression und die Berechnung der Formeln der *true-*, *false-* und *null*-Fälle ist in der Klasse ConditionalExpressionUnit gekapselt.

Zuerst wird ein Blick auf den in Listing 4.49 abgedruckten Konstruktor geworfen.

```
1   public ConditionalExpressionUnit(Expression exp, Formula orig) {
2       condition = exp;
3       trueFormula = orig
4           .calculateReplacementFormula(condition, new True()).simplify();
5       falseFormula = orig
6           .calculateReplacementFormula(condition, new False()).simplify();
7       nullFormula = orig
8           .calculateReplacementFormula(condition, new Null()).simplify();
9   }
```

Listing 4.49: Der ConditionalExpressionUnit-Konstruktor

Schon hier werden die einzelnen Formeln, welche die Fälle *condition = true*, *condition = false* und *condition = null* repräsentieren, erzeugt. Dies wird dadurch erreicht, dass in der ursprünglichen Formel alle NonConstantTerms, die eine Referenz auf condition enthalten, durch ein entsprechendes Literal ausgetauscht werden. Dadurch werden in der Regel weitere Vereinfachungen ermöglicht, die durch den Aufruf von simplify() angestoßen werden.

Sind die Formeln trueFormula, falseFormula und nullFormula initialisiert, kann der Einfluss-Kosten-Faktor berechnet werden. Der Code dazu ist in Listing 4.50 angegeben.

```
1   private double calculateInfluenceCostRatio() {
2       Formula boolDiff =
3           new Not(new Equiv(trueFormula,
4           new Not(new Equiv(falseFormula, nullFormula)))).simplify();
5       double selectivity = boolDiff.getSelectivity();
6
7       VertexEvaluator veval = greqlEvaluator
8           .getVertexEvaluatorGraphMarker().getMark(condition);
9       GraphSize graphSize = null;
10      if (greqlEvaluator.getDatagraph() != null) {
11          graphSize = new GraphSize(greqlEvaluator.getDatagraph());
12      } else {
13          graphSize = OptimizerUtility.getDefaultGraphSize();
14      }
15      int costs = veval.getInitialSubtreeEvaluationCosts(graphSize);
16      return selectivity / costs;
17  }
```

Listing 4.50: Die Berechnung des Einfluss-Kosten-Verhältnisses

Zunächst wird die `Formula`-Repräsentation der boolschen Differenz berechnet. Diese ist laut Definition 16 gegeben als

$$\Delta_{condition} originalFormula \;\; = \;\; trueFormula \not\equiv falseFormula \not\equiv nullFormula$$
$$= \;\; \neg\, (trueFormula \equiv \neg\, (falseFormula \equiv nullFormula))$$

Danach wird mittels der Regeln aus Abbildung 4.1 ihre Selektivität bestimmt. Die Selektivität eines `NonConstantTerms` wird über das verwendete Kostenmodell (vgl. Abschnitt 4.4) abgeschätzt.

Ab Zeile 9 wird zunächst ein `GraphSize`-Objekt beschafft, welches in Zeile 15 zur Abschätzung der Kosten der Bedingung `condition` verwendet wird.

Schließlich wird das Verhältnis von Selektivität der boolschen Differenz zu den Auswertungskosten der Bedingung zurückgegeben.

4.12. Die Optimierungsstrategie

Die Optimierungsstrategie wird vom DefaultOptimizer implementiert. Dieser instanziiert Objekte aller anderen Optimierer, die eine Transformation implementieren und ruft dann deren optimize()-Methoden in einer sinnvollen Reihenfolge auf. Seine übergeordnete Bedeutung ist auch schon im Klassendiagramm aus Abbildung 4.1 auf Seite 50 angedeutet.

Dazu gibt es zwei Ausnahmen: Der MergeSimpleDeclarationsOptimizer wird automatisch vom CommonSubgraphOptimizer aufgerufen, weshalb er nicht als eigenständiger Optimierer vom DefaultOptimizer aufgerufen wird. Die zweite Ausnahme betrifft den DissolutionOptimizer, der Aufgrund der Probleme, die in 4.10.3.5 behandelt wurden, zur Zeit des Schreibens deaktiviert ist.

Die Optimierungsstrategie umfasst folgende Schritte:

1. Der CommonSubgraphOptimizer findet und verschmilzt gemeinsame Subgraphen. Danach ruft er den MergeSimpleDeclarationsOptimizer auf, der SimpleDeclarations mit identischem Expression-Knoten an der IsTypeExpressionOf-Declaration-Kante zusammenfasst.

2. Als nächstes wird die optimize()-Methode des EarlySelectionOptimizers aufgerufen. Dieser verschiebt alle vorziehbaren Constraint-Prädikate von Deklarationen so weit wie möglich nach unten im Syntaxgraph. Dazu werden sie in einen neuen FWR-Ausdruck, der als Typausdruck derjenigen SimpleDeclaration dient, die alle lokalen Variablen, die vom Prädikat benötigt werden, verschoben.

3. Schritt 1 wird wiederholt.

4. Nun sortiert der VariableDeclarationOrderOptimizer die Deklarationsreihenfolge der Variablen jedes Declaration-Knoten um, so dass danach gilt:

   • Eine Variable, bei der eine Wertänderung große Neuberechnungskosten in den Constraints ihrer Declaration verursacht, wird vor jenen mit geringeren Kosten deklariert.

   • Werden zwei Variablen die gleichen Neuberechnungskosten zugeordnet, so wird die Variable, welche an weniger Elemente gebunden wird, vor der anderen deklariert.

5. Schritt 1 wird wiederholt.

6. Der PathExistenceOptimizer wandelt Pfadexistenz-Prädikate in Anwendungen der contains-Funktion um.

   Diese Transformation entscheidet anhand der Deklarationsreihenfolge der Variablen, die im Start- oder Zielausdruck des Pfadexistenz-Prädikats verwendet werden, ob ein ForwardVertexSet oder ein BackwardVertexSet erster Parameter von contains wird. Aus diesem Grund sollte sie immer erst nach dem VariableDeclarationOrderOptimizer angewendet werden.

7. Schritt 1 wird wiederholt.

8. Danach wandelt der ConditionalExpressionOptimizer alle mit logischen Konnektoren verknüpften Prädikate, die Constraint einer Deklaration sind, in Konditionalausdrücke um. Damit wird eine Short-Cirquit-Auswertung der Funktionen and und or simuliert.

9. Es wird ein letztes mal Schritt 1 wiederholt.

Im Abschnitt 5.2 des folgenden Kapitels werden noch einige Hinweise gegeben, wie die Optimierungsleistung durch eine dynamische Optimierungsstrategie gesteigert werden kann.

5. Eine Bewertung und Ausblick

In diesem abschließenden Kapitel zeigen einige Untersuchungen, wie groß der Effekt der Optimierung bei der Auswertung ist.

Dazu werden zuerst einige Anfragen an einen Datengraphen mit realistischer Größe gestellt und die Zeiten der Anfragebearbeitung ohne und mit Optimierung verglichen.

Zuletzt folgt eine Bewertung der Optimierungsleistung. Dabei werden noch einige Punkte aufgezeigt, bei denen der jetzige Optimierer noch Verbesserungspotential besitzt. Diese können als Grundlage für weitere Arbeiten dienen.

5.1. Einige Testanfragen zur Bewertung des Optimierers

5.1.1. Drei Phasen der Anfragebearbeitung

Die Anfragebearbeitung unterteilt sich in drei wesentliche Phasen. Diese sind

1. die *Parsingphase*, in der aus der Query in Textform der GREQL2-Syntaxgraph generiert wird,

2. die *Optimierungsphase*, in der die Transformationen aus Kapitel 4 auf den Syntaxgraphen angewendet werden und

3. die *Auswertungsphase*, in welcher der optimierte Syntaxgraph anhand eines Datengraphen ausgewertet wird.

Die Zeit, die die Anfragebearbeitung gekostet hat, wird in den folgenden Tests immer aufgeschlüsselt in *Parsingzeit*, *Optimierungszeit* und *Auswertungszeit* angegeben.

Ein zu beseitigendes Problem des GREQL1-Optimieres war, dass oftmals die Optimierung deutlich mehr Zeit als die eigentliche Auswertung in Anspruch genommen hat. Durch die Aufschlüsselung der Zeiten kann auf einen Blick erkannt werden, ob der GRE-QL2-Optimierer hier schneller arbeitet.

Einige Aktionen der Anfragebearbeitung, z.B. das Erzeugen der VertexEvaluators, die Initialisierung des Kostenmodells, die Kostenabschätzung und das Speichern der gelogg-ten Erfahrungswerte, können keiner der genannten drei Phasen eindeutig zugeordnet werden. Aus diesem Grund ist die im Folgenden angegebene *Anfragebearbeitungszeit* immer etwas mehr als die Summe aus Parsing-, Optimierungs- und Auswertungszeit.

5.1.2. Der Testdatengraph

Als Datengraph, auf dem die Queries ausgewertet werden, dient ein Graph des Schemas Java5Schema. Dieses Schema wurde in der Studienarbeit von Nicolas Vika und Arne Baldauf ([VB08]) entwickelt. Es modelliert eine recht feingranulare Sicht auf Quellcode der Sprache Java, Version 5. Im praktischen Teil ihrer Arbeit entwickelten sie den zugehörigen Faktenextraktor. Angewendet auf ein Verzeichnis mit Java-Quellcodedateien erzeugt es einen Graphen des Java5Schemas im TG-Format.

Mit dem Faktenextraktor wurde ein Graph zu dem Paket greql2.optimizer.condexp generiert, welches die Klassen zur internen Formula-Repräsentation des Conditional-ExpressionOptimizers aus Abschnitt 4.11.3 enthält. Die Klassenhierarchie ist in Abbildung 4.6 auf Seite 148 dargestellt.

Der so erzeugte Graph hat 2273 Knoten und 3103 Kanten.

5.1.3. Die erste Testanfrage

Die erste Anfrage ist relativ einfach. Es sollen alle Unterklassen von `Formula` bestimmt werden. Die dazu verwendete Query ist in Listing 5.1 angegeben.

```
1    from class     : V{ClassDefinition},
2         superClass : V{ClassDefinition}
3    with superClass.name = "Formula"
4        and superClass
5            (-->{IsTypeDefinitionOf} -->{IsSuperClassOfClass})+
6            class
7    reportSet class.name
8    end
```

Listing 5.1: Die Query zur Bestimmung aller Unterklassen von `Formula`

Dazu werden zwei Variablen vom Typ `ClassDefinition` deklariert. Die Variable `super-Class` soll an die Vaterklasse gebunden sein und wird daher in Zeile 9 auf Klassen mit dem Namen `Formula` eingeschränkt. Im Paket `greql2.optimizer.condexp` gibt es nur eine davon.

Danach wird mit einem regulären Pfadausdruck angegeben, wie die gesuchten Klassen mit `Formula` assoziiert sein müssen.

Das Ergebnis der Anfrage ist die Menge mit den Klassen `Not`, `BinaryOperator`, `Literal`, `Or`, `ConditionalExpression`, `True`, `Equiv`, `NonConstantTerm`, `Null`, `False` und `And`.

Folgende Optimierungen werden durchgeführt:

1. Der `EarlySelectionOptimizer` zieht die Constraint `superClass.name = "For-mula"` heraus in den Typausdruck der entsprechenden `SimpleDeclaration`.

2. Der `VariableDeclarationOrderOptimizer` dreht die Reihenfolge der beiden Variablendeklarationen um, denn beide verursachen bei Wertänderung die gleichen Neuberechnungskosten, und die abgeschätzte Kardinalität von `superClass` ist erheblich geringer als jene von `class`.

3. Zuletzt wandelt der `PathExistenceOptimizer` das Pfadexistenz-Prädikat in eine Anwendung der Funktion `contains` um.

Damit erhält man die optimierte Anfrage aus Listing 5.2.

Bei der Anfrageverarbeitung lassen sich die Zeiten aus der Tabelle 5.1 messen.

Phase	ohne Optimierung	mit Optimierung
gesamte Anfragebearbeitung	0.807 Sek.	0.195 Sek.
- Parsingzeit	0.647 Sek.	0.005 Sek.
- Optimierungszeit	0.000 Sek.	0.068 Sek.
- Auswertungszeit	0.053 Sek.	0.008 Sek.

Tabelle 5.1.: Die Auswertungszeiten der Anfragen aus Listing 5.1 und 5.2

```
1   from superClass : from superClass : V{ClassDefinition}
2                     with superClass.name = "Formula"
3                     reportSet superClass
4                     end,
5        class      : V{ClassDefinition},
6   with contains(superClass (-->{IsTypeDefinitionOf}
7                             -->{IsSuperClassOfClass})+,
8              class)
9   reportSet class.name
10  end
```

Listing 5.2: Die optimierte Query zur Bestimmung aller Unterklassen von Formula

Die Parsingzeit bei der optimierten Anfrage ist deshalb so gering, weil der GreqlEval-uator zu jedem Anfragetext den generierten Syntaxgraphen zwischenspeichert. Da zuerst die Anfrage ohne Optimierung ausgewertet wird, ist beim zweiten Durchlauf mit Optimierung keine Parsingphase mehr erforderlich, und der zwischengespeicherte Syntaxgraph wird wiederverwendet.

Die tatsächliche Auswertungszeit konnte durch die Optimierung um mehr als den Faktor 6 reduziert werden. Allerdings dauerte die Optimierung länger als die eigentliche Auswertung. Da jedoch keine für den Benutzer wahrnehmbare Verzögerung entsteht, kann der entstandene Overhead bei dieser einfachen Anfrage vernachlässigt werden.

5.1.4. Die zweite Testanfrage

Die dritte Anfrage bestimmt alle Klassen, die von Formula abgeleitet sind (Zeile 5 bis 8). Zudem soll gelten, dass die Methode simplify() mit Rückgabetyp Formula (Zeile 9 bis 13) und die Methode toString() (Zeile 14 bis 16) in dieser Klasse überschrieben werden. Der Anfragetext ist in Listing 5.3 angegeben.

Auf die Anfrage aus Listing 5.3 wendet der Optimierer folgende Transformationen an.

1. Zuerst zieht der EarlySelectionOptimizer wieder die einzelnen Prädikate im with-Teil der Anfrage heraus, denn keines davon benötigt alle Variablen der Deklaration.

   - Das Prädikat in Zeile 5 bezieht sich nur auf die Variable superClass.
   - Das Prädikat in den Zeilen 6 bis 8 bezieht sich nur auf die Variablen super-Class und class.
   - Das Prädikat in Zeile 9 bezieht sich nur auf methodId.
   - Das Prädikat in den Zeilen 10 und 11 bezieht sich nur auf methodId und superClass.
   - Das Prädikat in den Zeilen 12 und 13 bezieht sich nur auf die Variablen methodId und class.
   - Das Prädikat in Zeile 14 bezieht sich nur auf methodId2.

```
 1   from class           : V{ClassDefinition},
 2        methodId         : V{Identifier},
 3        methodId2        : V{Identifier},
 4        superClass       : V{ClassDefinition}
 5   with superClass.name = \"Formula\"
 6        and superClass
 7            (-->{IsTypeDefinitionOf} -->{IsSuperClassOfClass})+
 8            class
 9        and methodId.name = "simplify"
10        and methodId -->{IsNameOfMethod} <--{IsReturnTypeOf}
11            <--{IsTypeDefinitionOf} superClass
12        and methodId -->{IsNameOfMethod} -->{IsMemberOf}
13            -->{IsClassBlockOf} class
14        and methodId2.name = "toString"
15        and methodId2 -->{IsNameOfMethod} -->{IsMemberOf}
16            -->{IsClassBlockOf} class
17   reportSet superClass.name, class.name
18   end
```

Listing 5.3: Die Query zur Bestimmung aller Unterklassen von Formula, die simplify() und toString() überschreiben

- Das Prädikat in den beiden letzten Zeilen des with-Teils bezieht sich nur auf die Variablen methodId2 und class.

2. In den durch Schritt 1 der Optimierung entstandenen Deklarationen wird die Reihenfolge der Variablendeklarationen durch den VariableDeclarationOrderOptimizer angepasst.

3. Der PathExistenceOptimizer wandelt alle Pfadexistenz-Prädikate in contains-Funktionsanwendungen um.

4. Zuletzt formt der ConditionalExpressionOptimizers das verbleibende, komplexe Prädikat in einen Konditionalausdruck um.

Die optimierte Anfrage ist in Listing 5.4 auf der folgenden Seite angegeben.

Insbesondere im Konditionalausdruck im with-Teil des äußersten FWR-Ausdrucks existieren einige duplizierte Prädikate. Diese sind jedoch nur ein Artefakt der Textrepräsentation. Im entsprechenden Syntaxgraphen sorgt der CommonSubgraphOptimizer aus Abschnitt 4.5 dafür, dass identische Ausdrücke zusammengefasst und somit nur einmal ausgewertet werden.

In der Tabelle 5.2 sind die zur Auswertung benötigten Zeiten angegeben.

Phase	ohne Optimierung	mit Optimierung
gesamte Anfragebearbeitung	1442.555 Sek.	0.282 Sek.
- Parsingzeit	0.013 Sek.	0.024 Sek.
- Optimierungszeit	0.000 Sek.	0.190 Sek.
- Auswertungszeit	1442.530 Sek.	0.045 Sek.

Tabelle 5.2.: Die Auswertungszeiten der Anfragen aus Listing 5.3 und 5.4

```
1   from methodId2 : from methodId2 : V{Identifier}
2                         with methodId2.name = "toString"
3                         reportSet methodId2 end,
4       methodId  : from methodId : V{Identifier}
5                    with methodId.name = "simplify"
6                    reportSet methodId end,
7   classsuperClass : from superClass :
8                              from superClass : V{ClassDefinition}
9                              with superClass.name = "Formula"
10                             reportSet superClass end,
11                 class : V{ClassDefinition}
12             with contains(superClass
13                           (-->{IsTypeDefinitionOf}
14                            -->{IsSuperClassOfClass})+,
15                           class)
16             reportSet rec(superClass : superClass,
17                           class : class) end
18  with contains(-->{IsNameOfMethod} -->{IsMemberOf}
19                -->{IsClassBlockOf} classsuperClass.class,
20                methodId) ?
21      contains(-->{IsNameOfMethod} -->{IsMemberOf}
22                -->{IsClassBlockOf} classsuperClass.class,
23                methodId2) ?
24      contains(-->{IsNameOfMethod} <--{IsReturnTypeOf}
25                <--{IsTypeDefinitionOf}
26                classsuperClass.superClass,
27                methodId) :
28      false :
29      contains(-->{IsNameOfMethod} <--{IsReturnTypeOf}
30                <--{IsTypeDefinitionOf}
31                classsuperClass.superClass,
32                methodId)
33          and null :
34      false :
35      contains(-->{IsNameOfMethod} -->{IsMemberOf}
36                -->{IsClassBlockOf} classsuperClass.class,
37                methodId2) ?
38      contains(-->{IsNameOfMethod} <--{IsReturnTypeOf}
39                <--{IsTypeDefinitionOf}
40                classsuperClass.superClass,
41                methodId)
42          and null :
43      false :
44      contains(-->{IsNameOfMethod} <--{IsReturnTypeOf}
45                <--{IsTypeDefinitionOf}
46                classsuperClass.superClass,
47                methodId)
48          and null
49          and null
50  reportSet classsuperClass.superClass, classsuperClass.class end
```

Listing 5.4: Die optimierte Query zur Bestimmung aller Unterklassen von Formula, die simplify() und toString() überschreiben

Hier ist der Geschwindigkeitsgewinn gravierend. Die optimierte Query kann ungefähr 30000 mal schneller ausgewertet werden. Obwohl einige Transformationen durchgeführt wurden, ist die Optimierungszeit mit einer knappen Fünftelsekunde so gering, dass sie vernachlässigt werden kann.

5.1.5. Die dritte Testanfrage

Eine letzte Anfrage soll alle Klassen im Paket `greql2.optimizer.condexp` bestimmen, welche nicht gleichzeitig die beiden Methoden `calculateReplacementFormula()` und `getNonConstantTermExpressions()` definieren. Der Anfragetext ist in Listing 5.5 angegeben.

```
1   from class       : V{ClassDefinition},
2        superClass : V{ClassDefinition}
3   with superClass.name = "Formula"
4        and superClass (-->{IsTypeDefinitionOf}
5                       -->{IsSuperClassOfClass})+ class
6        and (forall mid, mid2 : V{Identifier},
7                    mid -->{IsNameOfMethod} -->{IsMemberOf}
8                        -->{IsClassBlockOf} class,
9                    mid2 -->{IsNameOfMethod} -->{IsMemberOf}
10                        -->{IsClassBlockOf} class
11               @ not(mid.name = "calculateReplacementFormula")
12               or mid2.name = "getNonConstantTermExpressions")
13   reportSet class.name
14   end
```

Listing 5.5: Die Anfrage zur Bestimmung aller Klassen, die nicht sowohl `calculate-ReplacementFormula()` als auch `getNonConstantTermExpressions()` definieren

Auf diese Query wendet der Optimierer folgende Transformationen an.

1. Zuerst zieht der `EarlySelectionOptimizer` wieder einige Prädikate, die sich nicht auf alle deklarierten Variablen beziehen, heraus.

   • Das Prädikat aus Zeile 3 bezieht sich nur auf `superClass`.

   • Der quantifizierte Ausdruck bezieht sich nur auf die Variable `class`. Die beiden Variablen `mid` und `mid2` werden innerhalb des Prädikats deklariert, so dass der Gesamtausdruck in den Typausdruck der `class`-Deklaration gezogen werden kann.

   • Die beiden Pfadexistenz-Prädikate aus den Zeilen 7 und 8 bzw. 9 und zehn beziehen sich nur auf `mid` bzw. `mid2`, zuzüglich der Variablen `class`, die jedoch in einer äußeren Deklaration deklariert ist.

2. Der `VariableDeclarationOrderOptimizer` schätzt für `class` und `superClass` die gleichen Neuberechnungskosten und die gleiche Kardinalität ab. Demzufolge wird die Deklarationsreihenfolge nicht geändert.

3. Danach wandelt der PathExistenceOptimizer alle Pfadexistenz-Prädikate in Anwendungen der contains()-Funktion um.

Die optimierte Anfrage ist in Listing 5.6 abgedruckt.

```
 1   from class : from class : V{ClassDefinition},
 2             with (forall mid2 : from mid2 : V{Identifier}
 3                       with contains(-->{IsNameOfMethod}
 4                                     -->{IsMemberOf}
 5                                     -->{IsClassBlockOf}
 6                                     class,
 7                                   mid2)
 8                       reportSet mid2 end,
 9                  mid   : from mid : V{Identifier}
10                       with contains(-->{IsNameOfMethod}
11                                     -->{IsMemberOf}
12                                     -->{IsClassBlockOf}
13                                     class,
14                                   mid)
15                       reportSet mid end
16                  @ not(mid.name = "calculateReplacementFormula")
17                     or mid2.name = "getNonConstantTermExpressions")
18             reportSet class end,
19        superClass : from superClass : V{Identifier}
20                       with superClass.name = "Formula"
21                       reportSet superClass end
22   with superClass (-->{IsTypeDefinitionOf}
23                     -->{IsSuperClassOfClass})+
24        class
25   reportSet class.name
26   end
```

Listing 5.6: Die optimierte Anfrage zur Bestimmung aller Klassen, die nicht sowohl calculateReplacementFormula() als auch getNonConstantTermExpressions() definieren

In der Tabelle 5.3 sind wieder die zur Anfragebearbeitung benötigten Zeiten aufgeführt.

Phase	ohne Optimierung	mit Optimierung
gesamte Anfragebearbeitung	4.333 Sek.	0.387 Sek.
- Parsingzeit	0.841 Sek.	0.024 Sek.
- Optimierungszeit	0.000 Sek.	0.167 Sek.
- Auswertungszeit	3.349 Sek.	0.079 Sek.

Tabelle 5.3.: Die Auswertungszeiten der Anfragen aus Listing 5.5 und 5.6

Bei dieser Anfrage konnte die Auswertungszeit um den Faktor 42 reduziert werden.

5.2. Eine Bewertung der Optimierungsleistung und Ausblick

Die obigen Testergebnisse bescheinigen dem Optimierer eine durchweg gute Optimierungsleistung. Insbesondere die Transformation "Selektion so früh wie möglich", die vom `EarlySelectionOptimizer` implementiert wird, kann die Auswertunskosten drastisch reduzieren. Das ist auch intuitiv einleuchtend, denn bei einer Query der Form

```
1   from <Declaration>
2   with <Predicates>
3   report ...
4   end
```

muss der Prädikatausdruck `Predicates` n mal ausgewertet werden, wobei n das Produkt der Kardinalitäten aller in `Declaration` deklarierten Variablen ist. Auch wenn der Auswerter nur diejenigen Ausdrücke neu evaluiert, die von einer Variable abhängen, deren Wert sich seit dem letzten Iterationsschritt geändert hat, ist klar, dass eine Reduzierung der Kardinalität eine starke Reduzierung des Auswertungsaufwandes bedeutet.

Allerdings existieren zu jeder Transformation Anwendungsfälle, bei denen sie nicht anwendbar ist. So kann beispielsweise die Transformation "Selektion so früh wie möglich" nur dann angewendet werden, wenn die einschränkenden Prädikate durch Konjunktionen verknüpft sind.

Ersetzt man das `and` in Zeile 6 der Anfrage 5.3 auf Seite 159 durch ein `or`, so ist der oberste Knoten der Constraint der `Declaration` eine Funktionsanwendung der `or`-Funktion. Demzufolge kann der `EarlySelectionOptimizer` nicht angewendet werden. Es können lediglich die Variablendeklarationen durch den `VariableDeclarationOrderOptimizer` umsortiert werden, und die Constraint wird in einen Konditionalausdruck überführt. Zudem werden die Pfadexistenz-Prädikate in Anwendungen der `contains`-Funktion umgewandelt. Die dadurch erzielte Reduzierung der Auswertungskosten ist in diesem Fall jedoch marginal.

Deshalb ist eine weitere Transformation sinnvoll, welche einen gegebenen komplexen Ausdruck, der seine Unterausdrücke mit Disjunktionen oder exklusivem Oder verknüpft, in eine Konjunktionskette umwandelt, also eine logische Optimierung durchführt. Dabei würden die Auswertungskosten nicht unmittelbar reduziert, sondern erst durch die anschließende Anwendung des `EarlySelectionOptimizers`.

Durch solche Hilfstransformationen werden unter Umständen weitere Transformationen anwendbar. Dem zur Folge kann eine dynamische Optimierungsstrategie oftmals bessere Ergebnisse liefern als jene aus Abschnitt 4.12 auf Seite 153. Zur Dynamisierung des `DefaultOptimizers` müssen zuerst alle Abhängigkeiten der Transformationen untereinander erfasst werden. So ist der `PathExistenceOptimizer` beispielsweise abhängig vom `VariableDeclarationOrderOptimizer`, und nachdem der `ConditionalExpression-Optimizer` seine Transformation ausgeführt hat, ist die "Selektion so früh wie möglich" keinesfalls mehr anwendbar. Mit diesen Abhängigkeiten kann dynamisch berechnet werden, welcher Optimierer anwendbar ist und als nächstes aufgerufen werden soll.

Bei einer dynamischen Optimierungsstrategie muss zudem erkennbar sein, ob der zuletzt arbeitende Optimierer auch tatsächlich eine Transformation durchführen konnte. Dazu könnte das Interface `Optimizer` dahingehend geändert werden, dass die `optimize()`-Methode einen `boolean` (statt `void`) liefert, der ebendies angibt.

Damit kann auch eine Abbruchbedingung formuliert werden: Wenn der Aufruf eines zur Zeit anwendbaren Optimieres keine Transformation durchführt, so kann er aus der Liste der anwendbaren Optimierer gelöscht werden. Ist diese Liste leer, wird die Optimierung beendet.

Existieren Zyklen, bei denen sich Optimierer immer wieder gegenseitig anwendbar machen, muss eine etwas komplexere Strategie gewählt werden, die beispielsweise die Historie der Optimiereraufrufe berücksichtigt. Wenn jeder Optimierer des Zyklus keine Transformation durchführen konnte, können alle von der Liste der anwendbaren Optimierer entfernt werden.

A. Glossar

Anfrage Ein Benutzer stellt eine Anfrage in Textform mittels der Sprache GREQL2. Aus dieser wird vom *Parser* ein *Syntaxgraph* generiert, welcher nach der Optimierung durch den *Auswerter* anhand eines *Datengraphen* ausgewertet wird.

Anfragegraph → *Syntaxgraph*

Auswerter Der GREQL2-Auswerter wertet einen gegebenen *Anfragegraphen* anhand eines *Datengraphen* aus.

Auswertungsgrößen Metainformationen, die neben dem eigentlichen Auswertungsergebnis von Interesse sind und bei der Auswertung geloggt (→ *Logging*) werden. Dies sind insbesondere die *Selektivität* und die *Kardinalität* der Knoten des *Anfragegraphen*.

Datengraph Eine *Anfrage* wird in der Regel auf einem Datengraph ausgewertet. Ein solcher ist Instanz eines *Schemas*.

FWR-Ausdruck Ein From-With-Report-Ausdruck stellt das Grundgerüst für die meisten GREQL2-*Anfragen* dar. Im From-Teil werden Variablen deklariert, und im With-Teil können die an die Variablen gebundenen Werte eingeschränkt werden. Der Report-Teil wird für alle Belegungen ausgewertet, die alle Bedingungen des With-Teils erfüllen und spezifiziert die Form des Anfrageergebnisses.

Kardinalität Unter der Kardinalität eines Knotens versteht man die Anzahl der Elemente, welche die Auswertung dieses Knotens liefert.

Logging Das Mitschreiben und Speichern von *Auswertungsgrößen* während der Auswertung durch den *Auswerter*.

Parser Der Parser generiert aus einer *Anfrage* gegeben in Textform einen *Syntaxgraph*.

Schema Ein Schema gibt die Struktur von *TGraphen* vor. Jeder Graph im GREQL2-Umfeld ist Instanz eines Schemas. So ist beispielsweise der *Syntaxgraph* Instanz des GREQL2-Schemas, und ein gegebener *Datengraph* könnte Instanz des Schemas `Java5Schema` sein.

Selektivität Die Selektivität eines Knotens versteht man die Wahrscheinlichkeit, mit der dieser zu *true* ausgewertet wird. Für Knoten, die keinen Wahrheitswert liefern, ist die Selektivität per Konvention gleich eins.

Eine Ausnahme bilden `TypeId`-Knoten. Deren Selektivität ist der Anteil der Knoten bzw. Kanten des *Datengraphen*, deren Typ der `TypeId` entspricht, an der Gesamtmenge aller Knoten bzw. Kanten des *Datengraphen*.

Syntaxgraph Azyklischer *TGraph*, der eine *Anfrage* repräsentiert und Instanz des GRE-QL2-*Schemas* ist. Der Syntaxgraph wird vom *Parser* aus dem GREQL2-Anfragetext generiert.

TGraph Ein gerichteter Graph, dessen Knoten und Kanten typisiert und attributiert sind. Zudem existiert eine Ordnung auf allen Knoten und Kanten. Alle Graphen im GRE-QL2-Umfeld sind TGraphen, insbesondere auch der *Syntaxgraph* und der *Datengraph*.

B. Abbildungen

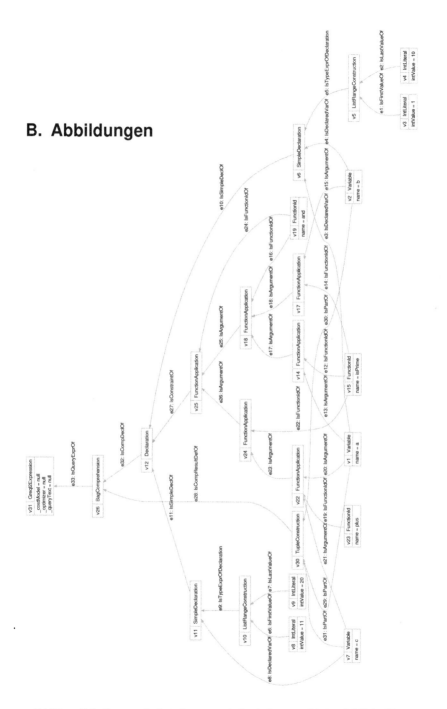

Abbildung B.1.: Der unoptimierte Syntaxgraph der Anfrage aus Listing 4.6 (Seite 79)

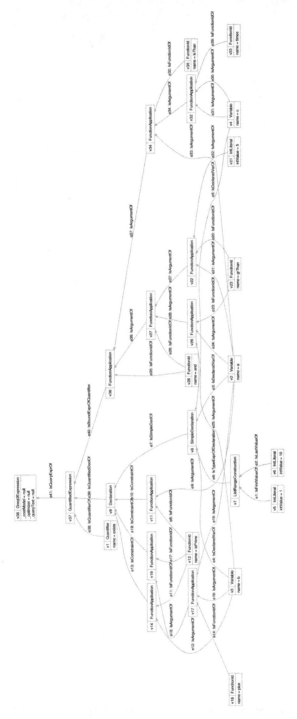

Abbildung B.2.: Der unoptimierte Syntaxgraph der Anfrage aus Listing 4.7 (Seite 80)

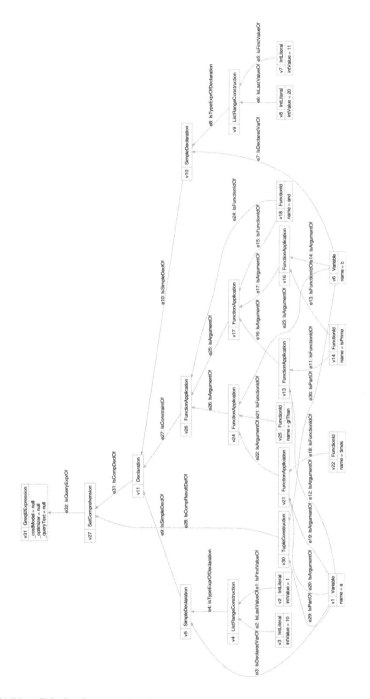

Abbildung B.3.: Der Datengraph, auf dem die Beispiele aus Abschnitt 4.8 (Seite 98) ausgewertet werden, erzeugt aus der Anfrage in Listing 4.19

Abbildungsverzeichnis

Tabellenverzeichnis

Literaturverzeichnis

[Beh97]   BEHLING, MICHAELA: *Ein Interpreter regulärer Pfadausdrücke*. Studienarbeit, Universität Koblenz-Landau, Institut für Softwaretechnik, 1997.

[Ber03]   BERG, UWE: *Berechnung von Pfadmengen in der Graph-Anfragesprache GReQL*. Diplomarbeit, Universität Koblenz-Landau, Institut für Softwaretechnik, 2003.

[Bil06]   BILDHAUER, DANIEL: *Ein Interpreter für GReQL2*. Diplomarbeit, Universität Koblenz-Landau, Institut für Softwaretechnik, 2006.

[KMS92]   KEMPER, A., G. MOERKOTTE und M. STEINBRUNN: *Optimizing boolean expressions in object bases*. In: *International Conference On Very Large Data Bases*, Seiten 79–90. Morgan Kaufmann Publishers, Inc, 1992.

[Mar06]   MARCHEWKA, KATRIN: *Entwurf und Definition der Graphanfragesprache GReQL 2*. Diplomarbeit, Universität Koblenz-Landau, Institut für Softwaretechnik, 2006.

[MR93]   MURRAY, NEIL und ERIK ROSENTHAL: *Dissolution: making paths vanish*. J. ACM, 40(3):504–535, 1993.

[Pol97]   POLOCK, DAVID: *Ein statischer Optimierer für GRAL und GReQL-Ausdrücke*. Diplomarbeit, Universität Koblenz-Landau, Institut für Softwaretechnik, 1997.

[Ste05]   STEFFENS, TIM: *Kontextfreie Suche auf Graphen und ihre Anwendung*. Diplomarbeit, Universität Koblenz-Landau, Institut für Softwaretechnik, 2005.

[VB08]   VIKA, NICOLAS und ARNE BALDAUF: *Java-Faktenextraktor für GUPRO*. Studienarbeit, Universität Koblenz-Landau, Institut für Softwaretechnik, 2008.

[Vos04]   VOSSEN, GOTTFRIED: *Datenmodelle, Datenbanksprachen und Datenbankmanagementsysteme*. Oldenbourg Wissenschaftsverlag GmbH, München, 4. Auflage, 2004.